大眾心理館

唯識心理學 1

鄭石岩作品集

國家圖書館預行編目資料

換個想法更好：把握變動調適，開拓成功人生／
鄭石岩著. -- 三版. -- 臺北市：遠流, 2010. 02
面；　公分. --（大眾心理館）（鄭石岩作品集. 唯識心理學；1）

ISBN 978-957-32-6622-8（平裝）

1. 修身 2. 生活指導

192.1　　99004245

大眾心理館

鄭石岩作品集 唯識心理學 1

換個想法更好

把握變動調適，開拓成功人生

作者：鄭石岩
執行主編：林淑慎
發行人：王榮文
出版發行：遠流出版事業股份有限公司
100 臺北市南昌路二段 81 號 6 樓
郵撥：0189456-1
電話：2392-6899　傳真：2392-6658
法律顧問：董安丹律師
著作權顧問：蕭雄淋律師
2010 年 4 月 1 日　三版一刷
2013 年 9 月 1 日　三版二刷
行政院新聞局局版臺業字第 1295 號
售價新台幣 240 元（缺頁或破損的書，請寄回更換）

ISBN 978-957-32-6622-8

YLib.com 遠流博識網
http://www.ylib.com
E-mail: ylib@ylib.com

換個想法更好

把握變動調適，開拓成功人生

鄭石岩／著

總序

寫作是我生涯中的一個枝椏，隨緣長出的根芽，卻開出許多花朵，結成一串纍纍的果子。

我寫作的著眼點，是想透過理論與實務的結合，闡釋現代人生活適應之道，提倡正確的教育觀念和方法，幫助每個人心智成長。透過東西文化的融合，尋找美好人生的線索。我細心的觀察、體驗和研究，繼而流露於筆端，寫出這些作品。書中有隨緣觀察的心得，有實務經驗的發現，有理論的引用，也有對現實生活的回應。在忙碌的工作和生活中，我採取細水長流，每天做一點，積少成多。

從第一本作品出版到現在，已經寫了四十幾本書。這些書都與禪佛學、教育、親職、心靈、諮商與輔導有關。寫作題材從艱深的禪學、唯識及心靈課題，到日常生活的調適和心智成長，都保持深入淺出、人人能懂的風格。艱澀冗長的理論不易被理解，特化作活潑實用的知識，使讀者在閱讀時，容易共鳴、領會、受用。因此，這些書都有不錯的評價和讀者的喜愛。

每當演講或學術討論會後，或在機場、車站等公共場所時，總是有讀者朋友向我招呼，表達受惠於這些著作。他們告訴我「你的書陪伴我度過人生最困難的歲月」，或說「我是讀你的書長大茁壯的」。身為一個作者，最大的感動和安慰，就在這些真誠的回應上：歡喜看到這些書在國內外及中國大陸，對現代人心靈生活的提升，發揮了影響力。

多年來持續寫作的心願，是為研究、發現及傳遞現代人生活與工作適應的知識和智慧。所以當遠流規劃在【大眾心理館】裡開闢【鄭石岩作品集】，期望能更有效服務讀者的需要，並囑我寫序時，心中真有無比的喜悅。

我在三十九歲之前，從來沒有想過要筆耕寫作。除了學術論文發表之外，沒想過要從事創作。一九八三年的一場登山意外，不慎跌落山谷，脊椎嚴重受創，下半身麻痺，面臨殘障不良於行的危機。那時病假治傷，不能上班，不多久，情緒掉到谷底，憂鬱沮喪化作滿面愁容。

秀真一直非常耐心地陪伴我，聽我傾訴憂慮和不安。有一天傍晚，她以佛門同修的立場警惕我說：「先生！你學的是心理諮商，從小就修持佛法；你懂得如何助人，也常常在各地演講。現在自己碰到難題，卻用不出來。看來你能講給別人聽，自己卻不受用。」

我聽完她的警語，心中有些慚愧，也有些省悟。我默然沉思良久。我知道必須接納現實，去面對眼前的困境。當晚九時許，我對秀真說：「我已了然於心，即使未來不良於行，也要坐在輪椅上，繼續我的教育和弘化工作，活得開心，活得有意義才行。」

她好奇的問道：「那就太好了！你準備怎麼做呢？」

我堅定的回答：「我決心寫作，就從現在開始。請你為我取下參閱的書籍，準備需要的紙筆，以及一塊家裡現成的棋盤作墊板。」

當天短短的對話，卻從無助絕望的困境，看到新的意義和希望。我期許自己，把東方的禪佛學和西方的心理學結合起來，變成生活的智慧；鼓勵自己，把學過的理論和累積的實務經驗融合在一起，成為活潑實用的生活新知，分享給廣大的讀者。

邊研究邊寫作，邊修持邊療傷，健康慢慢有了轉機，能回復上班工作。歷經兩年的煎熬，傷勢大部分康復，寫作卻成為業餘的愛好。從一九八五年出版第一本書開始，所有著作都經秀真校對，並給予許多建議和指教。有她的支持，一起分享作品的內容，而使寫作變得更有趣。

住院治療期間，老友王榮文先生，遠流出版公司的董事長，到醫院探視。我送給他一本佛學的演講稿，本意是希望他也能學佛，沒想到過了幾天，他卻到醫院告訴我：「我要出版這本書。」

我驚訝地說：「那是佛學講義，你把講義當書來出，屆時賣不出去，你會虧本的。這樣我心不安，不行的。」

他說：「那麼就請你把它寫成大家喜歡讀的書，反正我要出版。」

就這樣允諾稿約，經過修改增補，《清心與自在》於焉出版，而且很快暢銷起來。因為那是第一本融合佛學與心理學的創作，受到好評殊多。爾後的每一本書，都針對一個現實的主題，紮根在心理、佛學和教育的學術領域，活化應用於現實生活。

禪佛學自一九八五年開始，在學術界和企業界，逐漸蔚成風氣，形成管理心理學的一部分，企業界更提倡禪式管理、禪的個人修持，都與這一系列的書籍出版有關。

後來我將關注焦點轉移到教育和親職，相關作品提醒為師為親者應注意到心理健康、學生輔導、情緒教育等，對教育界也產生廣泛的影響。教師的愛被視為是一種能力，親職技巧受到更多重視，我的書符合了大家的需要，並受到肯定，例如《覺・教導的智慧》一書就獲頒行政院新聞局金鼎獎。

在實務工作中，我發現心靈成長和勵志的知識，對每一個人都非常重要。於是我著手寫了好幾本這方面的作品，許多家長把這些書帶進家庭，促進親子間的和諧，並幫助年輕人心智成長；許多大學生和初踏進社會的新鮮人，都是這些書的讀者。許多民間團體和讀書會，也推薦閱讀這些作品。

唯識學是佛學中的心理學，我發現它是華人社會中很好的諮商心理學。不過原典艱澀難懂，於是我著手整理和解釋，融會心理學的知識，變成一套唯識心理學系列。此外，禪與諮商輔導亦有密切的關係，我把它整理為禪式諮商，兼具理論基礎和實用價值，對於現代人的憂鬱、焦慮和暴力，有良好的對治效果。目前禪與唯識，在心理諮商與輔導的應用面，不只台灣和大陸在蓬勃發展，全世界華人社會也用得普遍。每年我要在國內外，作許多場次的研習和演講，正是這個趨勢的寫照。

二十年來我在寫作上的靈感和素材源源不絕，是因為關心現代人生活的適應問題和心理健康。我從事心理諮商的研究和實務工作超過三十年，個案從兒童青少年到青壯年及老年都有；類別包括心理調適、生涯、婚姻諮商等，我也參與臨終諮商及安寧病房的推動工作。對於人類心靈生活的興趣，源自個人的關心；當我晤談的個案越多，對心理和心靈的調適，領會也越深。

我的生涯歷練相當豐富。年少時家境窮困，為了謀生而打工務農，當過建築工、水果販、小批發商、大批發商。經濟能力稍好，才有機會念大學。後來我當過中學老師，在大學任教多年，擔任過簡任公務員，也負責主管全國各級學校訓輔工作多年，實務上有許多的磨練。

我很感恩母親，從小鼓勵我上進，教我去做生意營生。她在我七歲時，就帶我入佛門學佛，讓我有機會接觸佛法，接近諸山長老和高僧，打下良好的佛學根柢。我也很感恩許多長輩，給我機會參與國家科技推動工作長達十餘年，從而了解社會、經濟、文化和心理特質，是個人心靈生活的關鍵因素。如果我觀察個案的眼光稍稍開闊一些，助人的技巧稍微靈活一點，都是因為這些歷練所賜。在寫作時，每一本書的視野，也變得寬博和活潑實用。

現在我已過耳順之年，但還是對於二十餘年前受重傷所發的心願，珍惜和努力不已。希望在有生之年，還有更多精神力從事這方面的研究和寫作。寫作、助人及以書度人，是我生命意義中很重要的一部分，我會法喜充滿地繼續下去。

《換個想法更好》

目錄

正向的生活智慧：唯識心理學的意義

唯識家指出：「萬法唯識」。識正確了，思考就清醒，生活就幸福。識被扭曲了，或者產生情染和執著時，心識活動打結，造成情緒障礙，思考決策錯誤，從而帶來痛苦，更嚴重的是生命意義的迷失。於是，唯識家採取相當嚴謹的態度，分析識的結構，了解其變化，提出「轉識成智」：把識的活動轉變成正向的生活智慧，以拓展積極的人生，共同開創社會的安寧和幸福。這樣的旨趣稱為「大乘」，唯識學是大乘思想中很重要的一部分。

《唯識論》幾乎就是心理學。它是正向的生活智慧，目的在引導一個人以積極正向的態度，去克服種種生活的困難，並以達觀的態度，去看種種的挫敗，重新看到光明的希望和對人生的領悟。

我把這套唯識論的精義，與現代心理學結合，用現代心理學的語言、思路和觀念，來活化它的意涵。期待它成為現代人心靈生活的資糧，成為歷久常新的人生明燈。除了可供一般人生活和心理調適的借鏡，也是覺悟修行上重要的用功方法。這套契合現代人思維和文化的結構性素材，我稱它叫「唯識心理學」。

唯識心理學的宗旨和重心，在發展個人正向的性格、態度、情緒和優點，並引導一個人作正向的人生覺悟（正等正覺），找出有限生命的無盡希望。

作為一個心理學的研究者，很容易就發現，心靈世界中的「識」，透過個人生活經驗，影響人的行為和心情，左右其生涯和幸福感。因此，務須在現實生活中，培育正向的態度、情緒、品格等。此外，個人心靈生活，還包括龐大的文化和集體意識，而且大部分是潛意識的範疇。我深信文化、宗教和民俗之中，所蘊藏的內容，包括儀式、風俗、節慶以及對生命的傳述，有著深遠的影響。如果這些素材沒有經過「轉識成智」的過程，變成現代生活場景中正向的態度、正向的情緒和自我效能，人就可能迷失，產生負面的干擾。唯識心理學在這個層次上，扮演著正向的角色。

人生是否過得幸福、有意義、覺得法喜充滿，決定於你是否具備正向情緒、正向性格和正向的德行或品格。打造這些正向心理特質的關鍵，就是轉識成智，就是從唯識心理學出發。

生命是一個不斷調適、成長和圓融的過程。因此，生命是艱辛的，也是絢爛的。它既要面對許多困窘和挑戰，也能在調適轉變的同時，看到柳綠花明的新天地。生命須用愛來沃壯，才能發展雄渾的活力，又要以智慧開啟創意和新猷，這樣才有希望和前景，才能顯現意義和價值。

唯識心理學就是用「悲智雙運」，並透過轉識成智來創造生活和豐富生命，並覺悟到究竟第一義諦。

多年來我從事心理輔導和諮商的研究，結合西方的心理學和東方的心學，用來協助人們發展潛能，並協助適應困難的人找回幸福。現在，我把多年累積的知識和經驗，融合唯識論和心理學的學理，建構唯識心理學，它的主要意涵包括：

- 對生命奠定正向的觀念和領悟的基礎。
- 陳述應變的智慧和生活調適的方法。
- 提出生涯發展和心理健康的綱領。

- 揭示精神成長的方向、方法和究竟義。
- 提供唯識心理輔導和諮商的學理。
- 釐清學佛的正確觀念和行持要領。

我們正面對二十一世紀的衝擊，不只是金融風暴或環境劇變在影響生活，此後社會變遷將更快速，經濟生活和生產方式變化更迭更是驚人。可以預見，生活緊張、競爭激烈，加上失業的壓力，導致許多人產生無力感和無助，以致憂鬱、沮喪和焦慮的人口增加。

資訊時代的虛擬文化，也造成眼高手低、挫折容忍力不足的世代，容易挫敗灰心，甚至鋌而走險，為非作歹，這將會是社會不安和紊亂之源。唯識心理學提出正向的行動建議，幫助每個人找回正面的生活態度，奠定幸福人生的基石。

科技越發達，生活水準提高，對於安身立命和生命意義的追尋，理應受到更多的重視，所以生命教育已然成為各國關切的問題。唯識心理學對此亦作了正向的討論，並關心生命終極意義的實現。

此外，佛教的信仰和修持，必須配合現代生活的需要，當信仰和生活相融，不致造成疏離或衝突，才能做到解與行相應。唯識心理學提供了科學和清晰的解釋，讓修持者有清楚的實踐方法。

到目前為止，唯識心理學已完成六種作品，都以唯識論中「心所法」為藍本，結合心理學理論和實務經驗，所建構出來。它們包括：

- 《換個想法更好》的主軸建立在「遍行」心所上，著重生活和工作的調適，增進自我效能，以實現豐足喜悅的人生。
- 《尋找著力點》的基礎是「別境」心所，具體討論生涯發展和開展成功人生的要領，並探索生命的意義與價值。
- 《勝任自己》以「善法」心所為藍本，陳述正面性格，從發展健康的自尊、面對真實、學習自律三方面去發展勝任自己的特質。
- 《精神體操》是從「六度」發展出來的正向德行，透過正向的品格和培養心靈的長處，克服心理困境，開展全新的精神力，以實現光明的人生。

● 《過好每一天》是從「煩惱」心所轉化來的正面情緒指標，透過情緒智慧的養成，發展法喜，增進身心健康，實現亮麗的人生。

● 《生命轉彎處》是透過唯識論中轉識成智的精神，把生命的歷程串聯起來，去作調適和實現，並觸及終極關懷的主題，著眼於人生的全面思考。

二十一世紀甫一開始，美國心理學家馬汀．塞利格曼（Martin E. P. Seligman）就提出「正向心理學」的觀念。他指出：「現代人迫切需要美德、生命的目的，正直及生命的意義。」長處與美德幫助我們抵擋心理疾病，解除痛苦，並帶領我們達到永久性的高峰：生命的意義和目的。

我從事唯識學的研究和心理諮商實務應用已近三十年，總覺得唯識學中的許多寶貴觀念，都甚為正向，對人生有益，所以針對其實用性加以整理。希望這套書能給廣大讀者，帶來美好的生活智慧。

自序

想得對就做得好

人生就是要不斷接受挑戰，解決問題，才能創造幸福和喜樂。當生活的環境改變，回應就要跟著改變；生活有了困難，就要及時作必要的調整。這時最重要的事，就是換個想法來看問題。

我們生活在變遷快速的社會裡，挑戰多，競爭激烈，生活忙碌。於是，心理壓力大，遭遇到挫折的機會也多。我們可能在金融風暴中，損失慘重；可能在婚姻生活中，遇到難題；也可能在親子之間，碰上棘手的困擾。無論在工作、家庭、身心健康各方面，都有可能遇到難解的問題，需要去調適和克服。

另一方面，這個社會無時無刻不在進步，經濟生活方式不斷改變，社會結構變化亦大，人為了就業和生涯，所需的能力和新知，必須不斷學習與重組，否則會被這個高速運轉的離心力，給拋出局外，而造成失業和挫敗感。

誠如歷史學家湯恩比（Arnold Toynbee）所說，人類是在挑戰與回應的脈動中生存和進步。如果一個文明不能有效回應其挑戰，當然就會遇上潰敗的命運。用這個觀點來看個人的生活史，基本道理是相同的。此外，偉大的史學家司馬遷，在寫完《史記》時也說出「究天人之際，通古今之變」的至理名言。用這些觀點來研究個人的發展，你會注意到：個人唯有在大環境中通權達變，才能得到成功的適應，獲得更高的精神成長。

我從事教育、輔導與心理學研究，在實際經驗中，發現每一個人都在「挑戰與回應」和「通權達變」的歷程中運作。所不同的是個人遭遇的事件不一，回應方式各異，通權達變的智慧各殊。於是滾滾洪流中，有芸芸眾生的慨嘆，也有著一世英明的自豪；有幸福的喜樂，也有不幸的苦難。

生命是個艱辛的歷程，有許多挑戰，有許多困難。他不能一成不變，以一套簡單的想法和工具用到底。他必須不斷調適、成長和創造，才能走出泥淖，步向光明的未來。當然，也必須在精神生活上，不斷地淬礪和提昇，方能實現更高層的精神生活。

改變想法是調適的基本律則。人在遭遇難題時，就得改變想法，改變工作方式，換個角度來看看行不行得通，或者請教人家好獲得新主意。不過，大部分的人有個心理上的弱點，那就是阻抗作用（resistance），不情願作調整，不學習新方法，不能改變自己的工作方式，其痛苦和挫敗感，就得不到消除。我知道這是芸芸眾生苦難的根源之一。

心理晤談這個工作，旨在幫助一個人如何改變思考，讓他有新的視野，有新的發展契機。為了達到啟蒙個人適應能力，有著各種不同的理論和技巧，但大部分源自西方的心理學。

多年來我研究禪學、般若、唯識、華嚴等各派佛學理論和修行實務。我是一位虔誠的佛教徒，長期向長老請教和學習，從聞、思、修中不斷玩味，漸漸領會唯識這個宗派，有著特有的治心方法，從生活調適到入佛覺位，綿綿密密有成套系統可循。於是，我把它用在心理晤談助人上，漸漸有了心得，茲加以整理成書，一方面可以作為教育、輔導和諮商工作者應用；另一方面可以供現代人作為自助成長的素材。

唯識論包含甚廣，有出世間法的成佛步驟，有人格成長的理論架構，也有生活中調適變通和轉識成智的技巧。這本書的重點放在唯識的「遍行法」。它的基本觀念很簡單，就是意識活動中的觸、作意、受、想、思五個作用，在生活適應中，無論對象是什麼，都是普遍存在的，而且變動其一，就牽動其他四個變項。因此，你想改變情緒（受）就要從改變其他任何四個因素著手，才能產生效果。「觸」是接觸環境的瞬間第一念和環境的本身；「作意」是著眼點，注意和行動反應；「受」是人的感受和情緒；「想」是當時的想法和思考狀況；「思」是指心境和意志所結合的心思。這五個部分，互相影響，如果要改變行為，當然要從改變其中最有利的一個變項來啟動。

我覺得這是唯識派很講求實際的一種修行方法。人在修行（修正錯誤的行為以提昇自己的心智功能）之中，漸漸發展了自己的覺察力，觀察分析如何調整自己，從而做到轉識成智的效果。這是一種非常巧妙的修行法門，很切實際，也有頭緒可循。我運用這些古典的工具，配合心理諮商的理論技巧，把它活用在解決現代人的心理困擾上。

這本書只是唯識心理學的開始，總共分成五篇，分列討論觸、作意、受、想、思的變化和運用。每章都有一個簡單的解說，並提出數篇文章，來作呼應和活用的實例。希望本書能對教育、輔導和諮商工作者有所助益，對於佛門弟子，提供日常修行和轉識成智的基本技巧，更希望對一般大眾，提供生活調適、生涯發展和提昇心靈生活的方法。

壹

當心第一念頭

人必須把握第一個念頭，它會影響我們對人、事、物的觀感，決定自己眼光投注的重點，當然也左右思考和行動的方向。我把這個接觸人與事物的瞬間直覺，取個名字叫第一念。其實它就是佛學《唯識論》中所謂的觸。

當你接觸陌生人時，第一念一閃而過，它卻牢牢地抓住你；他也許引起你的戒心，以致不敢跟他深交；他也可能為你帶來好感，讓你一頭栽地思慕、想念，想跟他做朋友。當然，在你周邊發生的每一件事，都會很快引起你閃出第一個念頭，引發你一連串的想法和回應。

我們所接觸的情境人物和事件，都要透過感覺器官，輸入資訊，然後再引起思考、感受和回應的行動。不過，在我們還沒有仔細思考或計畫行動之前——在看、聽、聞、嗅、觸的感覺階段——就起了第一個念頭，這個念頭對一般人而言，影響力相當的大。那個未經思考的念頭，也許是冷靜的直覺，也許是成見，也可能是過去壞習慣的直覺反應。當然，它們都來自潛意識，而且是未經整理澄清的過去經驗。

潛意識在唯識心理學裡，被稱作異熟識，是過去經驗被壓抑下來或存蓄的心理情結：它很直接又很原始地冒出來，而且是在你接觸事物時，瞬間浮現出來。所以，第一個念頭是懼怕的，就會在心裡頭，表現出逃避、緊張、焦慮等情緒。而思考的方向就大受影響。比如說，你初次接觸一個人，也許他能給你許多協助，但你所「現行」的第一念卻是懼怕，當然這份友誼就建立不起來，一個好機緣就悄然地從身邊溜過。

生活中所發生的事情，都會引起你瞬間接觸的第一念；如果是消極的，便引起緊張和焦慮；如果是積極的，就獲致振作、興趣與好奇，而引觸建設性的思考與發展。因此，接觸任何事物的第一念是值得我們關心和重視的課題。我從實際諮商經驗中發現，瞬間的第一念往往是非思考的，是從潛意識或阿賴耶識中直接迸出來的，所以它必須接受冷靜思考的檢驗，而不能直接就成為判斷的基礎。

不過，我由實務經驗中發現，從潛意識到接觸事物中的剎那，所產生的印象或第一念，具有強大的支配力，往往像暴君一樣頤指氣使，所以我們對於佛學所謂人的因緣果報就不得不承認其存在性了。

談到這裡，我們不禁會問：我真的被過去的因緣或經驗綁得這麼緊，以致不能有所改變嗎？如果答案是肯定的，那麼人類還有什麼成長和心靈提昇可言呢？還好，無論從哲學、宗教或心理學的角度審思這個問題，我深信我們可以透過努力，不被消極性的瞬間第一念綑住，這也是佛學中的唯識心理學所關注的課題：我們的造命，能擺脫宿命的無奈，但我們要留心那第一念。它叫初發心，能把握初發心的純正，就能走向健康和光明，所以說「初發心菩薩功德不可思議」，因為他能讓第一念頭發得正確篤實。

所以對於自己的第一念，必須以審思的方式作檢查；平時必須注意修正錯誤的第一念。我認為心理疾病，生活上的煩惱和痛苦，是來自未加思索的錯誤第一念。心理諮商、治療或佛學上的修行，則是在於加強第一念的正確性和改正它的無明與盲點。於是，心理諮商或治療工作者，就如同法師一樣，要把眼光放在第一念的檢查、導正和正念的建設上。

我知道現代人很不重視正念和聽聞、讀誦和行動的操練，以致在其心識活動中，極度缺乏正念的資糧，所以在心理健康、精神生活的提昇等方面，有了許多難題。因此，我在諮商或指導修行的工作上，從不疏忽正念的教導和實踐，因為它是積極力量的種子，能引導一個人走向積極、安全感、自在和勇於面對困難的勇氣。

人的生活是艱辛的，每個人的生命歷程中都要面對許多挫折和挑戰。如果瞬間第一念是不正確的，是消極性的，人就會失去精神生活的正面力量，就像身體失去免疫力一樣，會傾垮下來。因此，無論在教育、輔導或諮商上，務必重視接觸事物的第一念。

這一篇選擇了七個子題作討論：都是接觸事物的第一念興起時，所應關懷的課題。這包括從積極面著眼和注意現實與理想銜接；它表現心理世界面對現實世界的誠實面。我知道不真實、不從積極面去面對生活是心理生活的致命傷。

其次，是改變生活環境，包括外在的環境和內心的心境。這個部分我特別提出改變生活環境，以培養自我控制和良好的心力，與以靜來孕育敏銳的思考和回應心能。

其三是人對時間的觸覺，它深及時間管理，影響生活與愛人的能力。生命的愛與時間是分不開的；沒有把時間撥出來真正生活的人，就不會愛生活，沒有騰出時間與家人相處，就失去親情和友誼。

最後，討論到交談和人際，因為它是觸的界面，其品質好，人際的溫馨和喜樂就表現出來。我深信孤立或寂寞，是心理憂傷和挫敗的根源。

《唯識論》告訴我們，「遍行」是心理活動的一種普通現象。「遍行」的意思是：阿賴耶識（異熟識，也正是心理學所稱的潛意識）會直接影響遍行，它包括觸、作意、受、想、思五個方面。也就是說，這五個活動是普遍連帶地互相影響。只要有一個變動，其他的也會跟著變動。所以觸的瞬間第一念影響深遠是可以了解的。

觸是修行上第一個界面，也是教育、輔導、諮商和心理治療所必須關注的核心。特將它作個提示性的解釋和說明，用以改善人的行為、情緒和對事物的回應能力；它可供作專業上使用，更是個人自助式提昇心理適應能力的好方法。

1 從積極面著眼

要著眼於你有的，才能發展你的未來。如果著眼於自己沒有的，那就會落空；它不但是一種空想，而且會造成不如意、沮喪和消極。

人對於事情的著眼點不同，看法也就殊異。有人習慣於大處著眼，所以格局大，心胸寬；有人慣於往小處看，目光如豆，免不了鑽牛角尖。有的人著眼亮麗的未來，以之當目標，信心高，積極性強，凡事比較樂觀；也有人過度保守，信心不足，消極和悲觀的態度就流露出來。

你看待家人，如果著眼於缺點，就會越看越不順眼，多相處多摩擦。父母親看孩子，若老在缺點上看，不免天天皺著眉頭，加之以指責和貶抑，日子久了，既會傷害孩子的信心和自尊，又破壞彼此的感情。我總覺得，親子之間的生活，應該分成兩部分：平常家居應該從寬著眼，這才能有笑聲，有樂觀和情趣——這要多往好處想。指導正事應該從認真著眼，才不至流於兒戲，有講理有規勸——

這要多往認真處想。與子女一起生活，要多保持家居的輕鬆，少一點嚴格的指導和庭訓，但兩者都要有。

對自己的事業，如果著眼於懼怕，那就會畏首畏尾；顧忌一多，就會一事無成。

我年輕時，跟一夥同伴作買賣，有些人太擔心得失，以致寧可去打零工。他們說：「作買賣風險大，會弄得血本無歸，不如去作個工人，天天有工資可賺，生活才有保障。」我的堂哥則勸我，不要起退心：「生意場上，金錢有如潮水，有來有去，只要你肯幹，多學習、多用心，比起做工要有出息。」我喜歡作買賣，於是跟做工的伙伴從此分途。著眼點不同，目標不同，我一心想求知上大學，所以過一段時間，我又與堂哥走上不同的路。他做他的生意，我上我的大學。著眼不同，人生路就是不同。

最近，我爬山下來，轉個彎就到母親住處。滂沱大雨下個不停，母子倆坐在客廳欣賞雨景，一時心情輕鬆淡泊。我隨意問母親，「最近過得不錯吧！」她望著戶外的煙雨說：

「人只要早有認識，年老必然有些不便，那就可以不去介意它，其餘的事都是現成的，都是好的。人生也一樣，只要先認清，生活必須有一些負擔和痛苦，那麼努力就是本分，受點苦也不覺得怎樣。那麼生活起來，也就覺得自然順當，不會抱怨和挑剔。現在老了，當然也沒有什麼負擔了，每天都是賺到的，當然也就過得充實。」

接著她問我：「你退休了之後，忙著演講、助人和寫作，看起來跟往常一樣忙！記得給自己一點時間，才能領會到餘暇中綻放著生活的奇葩。」我說：

「有的，像今天下著大雨，我獨自在山上聽風濤，欣賞雨勢，萬緣放下，廓然著眼於存在的本身，而不再追尋於細瑣塵勞。我看雨如詩，視霧如仙境，見一切寧靜如極樂淨土。在山上我還打個電話給秀真，告訴她我正陪著阿彌陀佛過清閒的上午。」母親笑得可愛，默然點頭，我接著說：

「有人可能很討厭雨，但我向來就喜歡雨。年輕時，在山上工作，大雨夾著雷聲，使工作有了節拍，更覺起勁。有時在路途中，騎著腳踏車倍覺有力。那些日子，把雨水汗水一起汲入口裡的感覺，才算是一等清涼解渴。嗯！好久沒有這種感覺了。」她聽得更開心，因為這能引起她對往事的許多回憶；她吃的苦比我多，品嚐過的滋味也更深。她突然問我：

「今天你到山上去品嚐雨水和汗水，回味無窮吧？」

「跟過去不一樣。」我接著問她，「妳想不想去品味一下呀？」

她笑得開心地說：「我年紀大了，會被雨水給沖走的！」我慫恿她，願意陪她一起去賞雨。我知道她身體硬朗得可以一試，但她還是笑著婉拒了。

「為什麼不去回味回味雨水和汗水呢？」

「如你所說，著眼點已經不同。」

「哪裡不同？」

「現在只要把門戶打開，眼前一片就是現成。」

這短短的對話，給我很深的啟示。「著眼點不同」，許多事情的感受和想法也就不同。那麼幸與不幸，成與敗，樂與悲都是著眼點不同的結果了。我知道，有的人可以從頹勢中挽回大局，是因為著眼點正確。有的人面臨大波折，仍能安然度過。有的人幾至傾家蕩產，卻又能東山再起——這些力量都來自著眼正確之功。而看著年邁的母親，不認識字卻能背經咒，沒什麼學經歷卻能活得步步踏實，關鍵就在著眼上。陪著她，看著她，不禁起了敬佩之心。

就生活而言，若著眼於當下，珍惜欣賞所有，就會有許多情趣；它能豐富人的心境，調和人的性情。就生涯而言，若能著眼於大局，看清全貌，那麼氣度和視野就能增長。

有一位年輕人問我：「我為什麼一直停留在悲觀和愁困之中呢？」

「因為你沒有著眼於你手中所有的，不能好好去珍惜利用。」他說：「我手中什麼都沒有。」於是我告訴他，「你有你的身體、知識、朋友、能力等等，這些已經夠多了。著眼於它，用它去發揮，由少而多，由近及遠，就能走出源遠流長的路。請記得！要著眼於你有的，才能發展你的未來。如果著眼於自己沒有的，那就會落空；它不但是一種空想，而且會造成不如意、沮喪和消極。因為身無寸鐵的人是不能打仗的。」他又問道，「我該怎麼辦？」我說：

「用你的能力、知識、性向和條件，選擇一個行業，不要怕苦，努力學習，累積經驗。你可以在工作職場中磨練，可以在專業訓練中學會一技之長。坐而言不如起而行，你要著眼於自己的現實，才會有自信和實力。」這位年輕人接受了我的建言，報名職訓中心的電腦課程訓練，結束了徬徨、憂愁的日子，代之以學習、成長和奮鬥的生活。

著眼一定要正確，消極和退卻是著眼點的錯誤，悲觀和沮喪是眼光偏狹所致。所以碰到難題時，要從不同的角度著眼，就會看出新的理路，看出新的希望和喜悅。

2 踏著現實嚮往理想

理想必須與現實結合，因為我們是要把自己的現實生活，推進到理想那邊，如果不是在現實生活中折衝，尋找解決問題的方法，那麼理想就永無現實之日。

人需要有理想，它是比現在要高的目標，是自己醉心夢想的境地。有了理想就有了方向，就有希望。更重要的是：當你懷抱著理想，努力以赴時，所承受的痛苦和挫折，都會變得心甘情願。它將形成毅力，持續累積經驗和實力，結合更多機緣和資源，終能實現其理想和抱負。

反之，儘管自己懷抱著理想，而沒有落實到行動的層面，那就叫眼高手低。空有理想的人，容易憤世嫉俗，看不慣的事會越來越多；批評現實的無聊，而摒棄行動和努力，說那是多麼無奈的事。這時，他一味著眼自己的想法，不願意在現實層面作努力，他無奈地耽著，蒼茫地等著。

記得有一次，一位高中畢業生來看我。他很徬徨、痛苦，劈頭就說：「高中的課程真是俗不可耐，特別是要記憶些乏味無用的東西，參加激烈的大學聯考，令我厭煩至極。所以，我沒有報名參加聯考。」他說到這裡就哽咽起來，隨即哭泣落淚。我能了解他的心情：因為暑假已過，同學們都考上大學，正歡喜地憧憬著未來，而他自己卻落得什麼都沒有。

「當初你決定不參加聯考，想必有你的打算，現在你準備做什麼？」

「我當然想讀大學，不過我不喜歡為聯考讀書，所以我想到國外讀大學；可是我知道家裡的人不太可能讓我出國，因為他們有些經濟上的困難。」

「那麼你為什麼要選擇出國呢？」

「我的理想就是出國讀大學，我看到表哥表姊們都在國外讀書，我很羨慕，所以我才作了不參加聯考的決定。老實說，我的程度不差，如果我去參加考試，考個公立學校是不會有問題的。」

「你想過參加明年的聯考嗎？」

「不，我就是不喜歡讀那些沒有什麼價值的東西。」他哭得更傷心，「現在，我回頭考聯考，不是很洩氣嗎？一來不喜歡為考試讀書，二來同學們都已經上大學了。」

「你不嚮往讀國內大學嗎？我是說，如果不能出國念書時。」

「我當然想念大學。」

「很好！那麼你現在的境況，該怎麼做比較好？」

「參加明年聯考。除此之外，似乎也沒有別的路。」

「那麼你現在在做些什麼？」

「什麼也沒有做。很徬徨，很慌亂……。」

「你要採取一些行動，讓自己的理想和現實做個結合。篤篤定定地去做，心情就會好起來，精神也會振作。人生很長，不要為晚一年上大學難過；許多人讀書都不順利，但並不影響未來的發展，我自己就是個例證。好！現在你準備做什麼？上補習班？」

「我想不必，我要讀書就能自己讀，只是不很甘願。」

「甘願去做不很甘願的事，常常是克服困難的方法。」

「這句話很有意思！」他笑了起來。

我們談了將近一個小時，從絕望到希望，從徬徨到甘願。在這過程中，我為他解釋，所謂理想就是經過許多困難才能完成或實現的目標。理想必須與現實結合，因為我們是要把自己的現實生活，推進到理想那邊，如果不是在現實生活中折衝，尋找解決問題的方法，那麼理想就永無現實之日。

面對現實，不斷採取行動，朝向理想和目標前進，是成功的想法，也是積極的態度。反之，如果只懷著理想，而抱憾生不逢時，那麼消極的念頭就會吞噬你的志氣。在談話之中，我不斷對這位年輕人重複這個觀念。我提醒他：「你的遭遇就是你的現實，你的現實正是你走向光明未來的資糧，千萬不要忽略現實。」當一個人的觀念改變時，他的態度、情緒和行動也有了積極的改變。

談到這兒，我想起精神醫學先驅榮格（Carl Jung），他在年少的時候，曾經因為跌傷頭部而請病假，幾天之後恢復上學。當天，他還是有些微的頭疼，但一想起學校的考試，就不禁卻步了，於是託詞自己頭還很痛，而繼續在家休養。結果頭疼的疾病卻越來越嚴重，以致他的父親花盡了一生的積蓄為他治病。直到有一天，他聽到父親對朋友訴苦無錢為兒子治病，並極度憂心孩子的疾病時，他猛然覺醒，自己為了逃避考試，給父親造成嚴重的困擾。於是他告訴自己，「明天我一定要去上學。」

很不幸的是，他已在家躺了一段時日，要去上學並非一件容易的事。第一天他還沒有到學校就折回來，因為頭真的在疼痛。第二天他還是堅持上學，因為他決定不能再拖累父親擔憂受苦，於是上了半天，體力實在支持不住，又被送回來。他堅持繼續上學，第三天就克服了病痛，能完成整天的學習。不久，他的病也就不藥而癒了。榮格後來自己說，從那時開始，他知道什麼是精神病。

我覺察到，在理想與現實之間，如果一個人採取的是消極的態度，他即有可能反應出病態的精神表現。相對的，改變想法，不要畏懼現實的艱難，他會站起來，面對困難，獲得更多的經驗和解決問題的能力，去實現其抱負和理想。

人生道上，最便捷的一條路不是直線，而是踏著自己的遭遇，克服一個個的困難；像依著山迂迴開鑿公路一樣，終能抵達山頂。把這樣的觀念，用在求學和生涯的發展、幸福家庭的經營，乃至對子女的教育等各方面，都能適用。它當然也是維持心理健康的基本生活規範。

3 及時改變環境

人與生活的大環境是分不開的，同時也是交互影響的，不可不重視它。環境不在於安逸豪華，而在於它能否孕育一個人的正確態度和活力。

環境對人的行為、情緒和想法影響殊大；環境擾攘，心情安頓不下來，當然不易專注的讀書或工作。環境所表現出來的文化，不免會薰染人的氣質和對事情的看法；所以孟母要三遷，以防子女學壞，居必擇鄰，避免受惡劣環境的負面影響。至於交友，更是你心靈生活環境的一部分，所謂近朱者赤，近墨者黑；交友對人的影響尤大。

在實地家庭訪問中，我發現那些自制力較差的孩子，家裡普遍比較零亂。我拜訪過的不良適應青少年，大部分的家裡雜亂無章，要不然就是人際關係缺乏規範，造成諸多衝突，導致溝通環境的品質惡化。這些環境因素不但影響親子關係，同樣影響婚姻和家庭生活。

有一次，我應邀到朋友家裡作客，他們伉儷為了孩子不肯上進向我訴苦。他們說：「孩子一回來就想睡覺。他喜歡躺在床上看書，沒幾分鐘就睡著了。」他們屢勸不聽，甚至親子間發生衝突。孩子的功課跟不上，成績隨著年級增加而遞次滑落。他們問道：

「什麼原因使孩子整天想睡覺？是不是有心理調適上的困難？」然後帶著我參觀孩子的書房。我發現書房放著一張雙人彈簧床，被窩看來柔軟溫馨，書房的燈光是暖色的，有著溫暖的感覺，而書桌則緊靠著大床。我面對書桌坐下來，打開檯燈，作閱讀的姿勢。

我忍不住說：「如果我坐在這裡，一會兒也會想躺下來看書。」

他們很好奇地問我，「為什麼？」我說：「這張桌子太小，像小學生讀書的桌子。相對地，那張床很溫馨寬敞，還可以把書攤在床上閱讀；這環境看起來，躺在床上要比坐在書桌具有吸引力，如果心理上又有一點倦意的話，那就更容易被床吸引了。」

我為他們解釋道：「環境透過身體接觸，不自覺地影響我們的行為。你看，這個書房有三分之二的空間被雙人床佔據，在這裡活動，有三分之二的比例是睡眠；加上床寬而溫馨，書桌狹小而不便，所以孩子一進來就想睡是自然的。」我建議他們換一張單人床，把房間天花板的燈改為冷色系，這能促使孩子安靜，再添一張合用的書桌，放置的位置也不再緊靠著床，自然會改善許多。

他們參考我的建議，和孩子商量，共同計畫布置書房。事隔一個月，朋友打電話告訴我，重新安排果然奏效，孩子坐在書桌做功課的時間很快增加。

環境影響人殊大，家中的燈光如果都是暖色的，對於好動不安靜的孩子，容易造成心情浮躁、不能安心讀書的結果。有一個青少年，經常在外頭打架滋事，在家裡很容易跟父母衝突，功課退步。父母親為孩子的事非常困擾，他們把孩子帶來晤談，在諮商中孩子說：

「我不曉得怎麼回事，一回家就很煩，根本就定不下心來。」我讓他傾訴心情，除了瞭解他的功課壓力，以及來自老師的強制性教學引起的不愉快外，我很重視他的這段話，「我的家就像一個燥熱的環境，也許是燈光吧，它使我浮躁起來，我走來走去無法停止，開冰箱、開抽屜、找東西吃；有時並沒有要喝飲料，也會去開冰箱。」於是，我和他的父母詳談其家裡的燈光和房間格局，另找時間作了家庭訪問。

我的判斷沒有錯，除了孩子的心理因素之外，還有一個環境因素。因為他家的客廳乃至每個房間，都裝潢得富麗堂皇，而燈光就像舞廳一樣，是很強的暖色光。後來，他們依照我的建議，作了一些調整，改為一般的日光燈，神龕上裝置的大紅燈也改為較小盞的淡黃色燈。家裡原來紅通通、強強滾的感覺不復存在，代之的是令人冷靜的安定燈光。配合心理諮商的進展，孩子的生活調適很快有了改善。

環境影響人的心理，也影響人的身體。光線陰暗，會使人心情沮喪。心理學上研究發現，多陰雨的地方憂鬱人口比例較高，陽光亮麗的地方，憂鬱症的人口數也減少。觀察中發現，積極振作的人比較喜歡亮麗的陽光，消極頹廢的人反而不愛絢爛的日子。此外，空氣的流通、屋子的擺設和格局，也會影響情緒，間接影響健康。

有一位先生，他喜歡買古董傢俱，所以在家裡放置了許多古傢俱，瓶瓶罐罐的東西越來越多，家裡漸漸變得陰暗，日子久了疏於覺察，結果情緒一直振作不起來，身體也多病。經過指點，他不再睡古董床，同時那些古董也另闢地方收藏，房間經過粉刷，恢復亮麗舊觀，精神也逐漸好起來。他詳述了這件奇遇，我卻告訴他，那是光線陰暗和潮濕在作怪，無需把它聯想得太神奇。

我們生活在娑婆世界，每個人都有不同的業報和因緣，所以彼此的遭遇都不一樣，這造成個別差異。無論它的原因是來自遺傳或受環境影響，彼此不同總是不爭的事實。依據唐代高僧宗密大師在《原人論》中說：人的「業識」（心理意識）有一半與心結合，那就發展為人，有一半是化作山河大地的大環境，那就是每一個人的「依報」（生活的環境）。因此，人與生活的大環境是分不開的，同時也是交互影響的，不可不重視它。

有一對夫妻問我：「為何我們的孩子不肯念書？」我說，每一個孩子都不一樣，先天不同，彼此性向有別。不過，後天的環境會影響先天，倘若你們做好身教和境教，培養讀書的習慣、求知的風氣和態度，會漸漸影響子女，薰染他們用功讀書。時日一久，家裡藏書增加，影響力更大。

為了孩子的未來，他們採納我的建議，把酒櫃改成書櫃，把餐桌變成夫妻晚上進修讀書的地方。大人的讀書態度，令孩子不得不也回到書房讀書。不久，孩子們的功課就有進步。他說：

「我把家裡變得有書香，把大廳的酒櫃改成書櫃。孩子們看了就想躺下去的豪華沙發，也換成了適合正常作息的椅子。我們大人作好榜樣，兢兢業業的生活態度，也帶動孩子們向學，你的建議真的有效。」

我們若想生活得好，除了自己的想法、情緒、行動必須正確之外，也要重視環境的調整和改變。環境不在於安逸豪華，而在於它能否孕育一個人的正確態度和活力。積極振作的人，必有一個好環境，它通常是簡樸單純的環境，而不是複雜奢華的享受。

4 靜能培養敏銳

對治沉悶和枯燥之感，不是一味追求刺激或尋找更多變化，而是安靜下來。讓心靈在安靜中得到復甦，再度現出它的敏銳和智慧。

當你面對煩悶和無聊時，會有人勸你，「別坐困愁城，找點刺激，或者做點什麼，好打發無聊。來吧！我們一起打個牌，摸摸麻將，或者一起鬧鬧酒。」你要特別當心，這只能痲痹一時，救不了煩悶無聊的盡頭。如果你這麼做，這些不良嗜好，將會成為你擺脫不了的惡習。因為你可能越來越依賴它們，而內心的蒼白卻一直沒有得到解決。

人的沉悶無聊，是由於心靈被一種刻板的想法、感受、習慣性的意識套牢，以致失去寬廣的覺察、新奇、創意和視野，而導致心靈生活的僵化。它令人困在一個刻板的態度或生活方式中，久之當然覺得無聊。

你可回憶檢討一下自己的生活：你和配偶談同樣的事已經多久？為同一問題

拌過幾次嘴？還有，對子女的訓斥或煩心，是不是同一個問題？你所做、所想以及心中的感受是否一再重複？經過檢討，就不難發現自己為何覺得無聊煩悶。

人的生活、工作、態度與習慣本來就有相當的固定性，所以大部分是平淡無奇的。但是由於我們有著好的覺察和新奇感，每天在生活和工作中，會發現許多趣事，帶來許多歡喜、愛和彼此的支持，這使得原本平淡的生活，變得多采多姿。於是，對治沉悶和枯燥之感，不是一味追求刺激或尋找更多變化，而是安靜下來。讓心靈在安靜中得到復甦，再度現出它的敏銳和智慧，在每天的生活之中，展現它多彩的感受和興味。

靜坐使我們恢復心靈的活力，尋找刺激反而使自己陷入痲痹，而逃避了心靈的淨化和成長。我們因為長期固執在同樣的活動、職責、處世方法，漸漸失去創意，失去興趣和新奇之感，這使得沉悶無聊有機可乘。而靜坐或者給自己機會爬爬山，與綠野、海洋或深山作個交融，有機會安靜下來，則心靈的敏銳反應將會恢復。

一位中年職業婦女，被沉悶無聊困擾得發慌。她很負責，無論在家事或工作上，都表現得可圈可點，只是她覺得悶得無聊，甚至安靜不下來，連睡眠也受到影響。我建議她：「花一天時間到郊外走走，最好自己一個人，如果需要伴，那就約一位知心的朋友，目的是洗滌塵勞，所以要找個安靜清幽、視野開闊的地方，而且要少說話。」

她請了一天假，獨自一個人到台北市郊的山巒登高，只帶著水和簡單的食物。起先她覺得無聊，走過一段鮮綠的山坡小徑，卻被周遭的景物吸引。首先鳥兒的啁啾鳴叫，帶給她直滲心底的清音，她好奇地看、聽和感受，發現那一大群鳥有白頭翁、有小青鳥、有紅嘴黑鵯，還有一些不知名的鳥兒。後來，她坐在小徑旁的石板上，與秋風交融，在特有的秋蟬聲中忘懷，在白雲藍天中忘我。一整天的逍遙漫遊，獨自一個人卻沒有任何無聊煩悶之感。她登臨了幾個山頭，兩腿有些疲累，但大自然似乎推陳布新，給了她更多新鮮感和新奇。一天下來，她真有洗盡塵勞的感覺。她決心每週都要登臨青山，要帶著自己和家人一起欣賞。

一週之後，她又來看我，「妳照我的建議做了嗎？」我問她。「我做到了。起先我將信將疑，很快我就領略到那種清新與洗滌心靈的妙用。」然後，她把當天的經歷和美好的感覺說得津津有味，表情和言語中流露著當天的豐收和喜悅。

我分享了她的喜悅後問道：

「在山徑上獨自漫步，可曾想過什麼？例如工作、家庭生活、人際關係之類的反省？」

「有的，就在登高眺遠途中，坐在羊腸小徑的石階小憩時，我覺得工作只是生活的一部分，家庭乃至親子之間的事，固然很重要，但不是我生命的全部。我的生命視野突然間既寬且遠。我覺得還有許多，它不屬於什麼，但我不會說。」

於是我引用禪詩說：

「是不是像法眼禪師所說的：『欲言言又止，林下好商量』？」她點頭表示領略，於是我接著說：「禪就是要喚醒自己清淨的心靈，去領受生活多采多姿之處，這時的心境很難用文字盡說其妙。妳已領略到初禪的喜悅。

「初禪是要讓人透過感官專注地覺察，清醒地接觸生活中所發生的事物，你在看、聽、聞、觸、味和直覺的把握中，清楚地知道它，即使是最簡單的事物或景物，都能輕扣心靈之窗，予以開啟，而光明性就這樣流瀉出來。這時，即使最簡單、最平淡的事物，都會令人歡喜，這就叫禪喜。所以初禪有五個小步驟：覺、觀、喜、樂、一心。當天妳已領略箇中法味，要善加運用。」

「為什麼兩、三天之後，那種喜樂和寬闊感會消失呢？」她覺得疑惑。

「當然。妳要常常練習，最後會在日常生活工作中，產生同樣的心境，那就是初禪果位。」

「要怎麼保持呢？」她懇切地問道。

「每天給自己一點時間靜坐。要在生活與工作中維持安寧，有了困擾或煩心的事，要謹慎防範它把你心中曾經長出的初禪幼苗折損；就像在大風雨中行走，必須降低身段。注意！在謙虛之中自有幾分寧靜和覺觀的喜悅。」

這是一個短期諮商，只有兩次晤談就看出成效。由於工作和交通不便，我建議她聽我的錄音帶，必要時再作晤談。檢討這個個案，我發覺人只要能擺脫刻板的視野，就會回復活潑的生活態度，但這樣的轉變，並不是每一個人都這麼快就能辦到的。

在生活中，要注意那不變的執著和刻板對精神生活的危害，精神官能症、心理失常，都是心靈生活僵化的現象。殊值注意的是：當一個人的心被局限在某一個刻板的軌道上時，就會失去創意，漸漸變得沉悶，最後形成對人的敵視，它正是焦慮的另一個來源。

因此，當我們覺得沉悶無聊時，要以沉靜來面對它，看清它的存在，設法予以排遣，並重新喚起心靈的活力。至於尋找刺激，透過麻醉的途徑來安慰一時，不但不能解決問題，反而造成更多依賴和退化的現象。你沉悶無聊嗎？改變一下做法，拒絕打牌、麻將、鬧酒，改採靜化和反省。因為安靜能培養活潑的精神力量。

5

對時間的觸覺

人必須對時間保持良好的觸覺，然後才能有效地運用它。能將工作時間做有效的運用，就有較多的收穫，相對地你也就有較多的悠閒和喜樂。

不要把時間作無謂的浪費，生命就是時間，時間就是你的生命。愛，不是心中想著，而是要撥出時間去實踐；智慧，也不是憑空存在的，必須騰出時間去體驗和表達。沒有撥出時間去力行，生命無非是一場空洞的妄想。所以，人必須對時間的觸覺，有著敏感和清醒的反應，否則就會迷失，渾渾噩噩過一生。

時間不是用不完，人的一生只有一定的時間，所以生命是限定性的，若不好好把握，這個有限的生命，將會在不知不覺中流逝。臨屆晚年，你會有著空虛的感傷。我們到人間走一趟，既知人生如戲，但這場戲卻在考驗我們的演技，試煉我們是否表現悲智雙運的風範。

我們若能有效運用時間，就能以較少的生命成本，獲致豐富的收穫；從而，我們就有較多時間，享有多采多姿的自在生活。人不能把所有的時間用在工作上，那會變成工作狂。依我的觀察，勤奮是生命活力的表徵，但工作狂卻是埋葬生命的元凶。

人要懂得勤奮的工作，從中得到生的價值，振作精神力，同時聚蓄活下去的資糧，所以勤奮是福報的來源。不過，如果只知工作而不知享受生命中的清閒，那麼工作也就沒有價值了。工作狂即是犯了這個毛病，他忘記生命的雍容富麗。

心理學家傅瑞曼（Meyer Friedman）是《甲型性格和心臟病》一書的作者。他指出：工作狂是甲型性格特質之一。他們急於追求，性格急躁，是一般人所謂急驚風型的人。他們所以變得如此急躁，陷於工作的掙扎，是由於急切需要地位，他們的價值觀念建立在別人的讚美和羨慕上。他們不停的工作，追求晉昇，但缺乏悠閒和創造力，其生活的品質也就低劣。事實上，這樣的人無法晉昇到上層主管，即使獲得這種地位，也不能別出心裁對工作有傑出的貢獻。

人為了使自己生活得幸福，一方面要有效運用時間，讓它發揮良好的效用；另一方面才可能騰出時間，讓自己活得有悠閒，掌握調和生活與工作的契機。所以，人必須對時間有良好的觸覺，善於運用它，同時善於享有它的優游和自在。

你不可能在同一時間內又工作又休閒。所謂優游的生活與工作，並非用輕鬆散漫的心去面對挑戰，而是安排時間專注有效的工作，同時也能騰出時間，去娛樂和散心。這麼說來，有效經營時間，成為人生不可或缺的要事。為了增添你有效運用時間的能力，要注意幾個時間的觸覺。

首先，請你不要瞎忙。如果你把大大小小的雜事，像燴飯一樣拌成一團，你會慌張起來，忙個不停。因此，你要記下一天該做的事，依重要性排出順序，依次完成。在忙碌緊張的社會裡，要避免用事情的緩急來決定工作的順序，那會造成你一直被急事追趕，反而容易誤了要事。正確的做法是，先考慮重要性，以重要的為優先，較容易有良好的成效。

其次，一天之中哪一段時間工作最有效率，應該把最重要的工作安排在那段時間。就拿我自己的經驗來說，在下午四時以後，容易文思泉湧，思考敏捷，這段時間我就用來寫作；但到了夜裡十時左右，效率已差，我會安排與家人閒聊，然後就寢。

你要把主要工作，安排在最有效率的時間做，效果好，成就感也高。只要你稍加留意，就能發現你最有效率的時間，記得把重要的事擺在這段時間做。對我而言，無論是行政上的計畫或寫作，我總會放在這段時間來研擬或構思。

人對於時間的另一觸覺是：能在忙裡偷閒。你在機場等候飛機，那是最好閱讀的時候；在車上或飛機上，是最好調氣養神的時候。無論多忙，總會有空隙，你不要用它來發呆，避免用它來憂愁，要用它來尋找靈感，閱讀一點資料，複習一下所學的東西。一天當中，行程的接續轉折，會留下不少時間，你要覺察到時間的存在，歡喜地接受那段額外時間的光臨，你會受益無窮，充實無比。如果你把這段巧遇的時間，視為枯等，那就太委屈它了。因為這種忙中的閒暇，能給你巧妙的靈感和效率。

你對於時間的觸覺要好，就要學習「說不」的能力。這是時間經營中最難的事。如果所有的邀約你都接下，就會忙得不可開交。學習「說不」有兩個層面：其一是對自己說不，不浪費時間，不把時間用來發愁，不被無謂的連續劇綁住等等，這是避免因自己受引誘、受刺激而無謂浪費時間。其二是對別人說不，自己辦不到的事就要婉拒。有些人事事答應，情非得已地應允太多事，結果輕重緩急顛倒，反而成不了事。

人接受過多請求，不但影響正事，還會妨礙健康和家居生活，弄得失去頭緒。我知道，人無法拒絕請求的原因有二：其一是怕別人說閒話，其二是它能滿足自己的自尊心，和表示自己的重要性及能力強。我們當然要做助人的工作，但有了上述兩個弱點，你就無法拒絕過度的邀約，最後會害了自己，也未必踏實地幫助別人。

最後，我要指出浪費時間的另一個原因，那就是資料和文件沒有歸定位。你花了太多的時間在「尋找」上，有時甚至因為找不到文件，要隔天才能辦好該辦的事。你可常常走到半路又折回去找東西嗎？你可曾到了辦公室才發現鐵櫃的鑰匙放在家裡嗎？東西未歸定位，浪費許多時間。

人必須對時間保持良好的觸覺，然後才能有效地運用它。能將工作的時間做有效的運用，就有較多的收穫，相對地你也就有較多的悠閒和喜樂。生命是一個實現的過程，而時間卻是實現的必要條件，能運用時間，無異珍惜了生命。

6 換個方式交談

如果你發出的信息是友善的，收到的信息也會是友善的。交談是一種享受，一種出於自然的語言交流。它的目的是情感上、思想上、感受上的交融。

人們在交談中建立起人際關係。它不但是友誼之泉，也是溫暖人生的陽光。交談往往帶來豐收，能激發你的創意，讓你得到新知，甚至帶來新的工作機會。

有些人覺得交談是再愉快不過的事，有些人則覺得困難窘迫；有些交談的結果帶來溫馨，有些交談的結果造成尷尬不快。「交談中究竟有什麼訣竅可資遵循呢？」這是許多年輕人的問題。我對這事的看法是：「避免錯誤，勇於改正。」人若想在交談中表現親切、自然，就得學習改正錯誤，更換適當的溝通技巧。

你一定也常聽人說：「我天生害羞，不善言詞，不喜歡跟人交際。」「我個性緘默，不愛與人攀談。」我必須提醒你，千萬不要給自己找藉口、貼標記。改變一下想法和做法，學習有效的交談，才能讓你變成大方、得體、得人緣的人。

在交談溝通中，第一個要避免的是「自以為是」。特別是自傲的人，往往不自覺地貶抑別人。這種人藏不住心中的傲氣，以致容易批評和挑剔。經常口出抨擊別人「淺薄」、「無知」、「愚蠢」之類的言詞者，容易破壞氣氛。有一次，我和朋友去聽一場精采的演講，主持人在會後卻不注意地說：「啊！這場演講比我想像中好得很多。」當時，我的朋友和講者都表情錯愕和尷尬。因此，交談時要避免失禮，少用批評和挑剔，要代之以恰當的恭維。

恭維要真誠，我相信每一個人都樂於聽到別人的稱許。如果能在讚美對方之後，隨即提出一個自己想知道而對方又容易回答的問題，那麼融洽的效果更高，比如說「你的字寫得真好，是怎麼練出一手好書法的？」這種恭維就顯得真誠。

交談中第二個要避免的是「被動」。如果你維持著人家問一句你才答一句的反應態度，別人會以為你不想受打擾，知趣的人很快就會避免跟你說話。因此，交談要保持主動，找話題交談。例如你的朋友喜獲麟兒，除了恭喜之外，不妨問他做爸爸的滋味如何？又比如你倆是同鄉，可以談談家鄉事等等。採取主動必須有幾個特質來配合：

● 要表現友善的肢體語言。如果你嚴肅而沒有笑容，交談就難以開展，如果輕鬆愉快，表情柔和，彼此都會有交談的動機。
● 專心傾聽朋友說話。這等於主動邀請別人與你交談，它能促動談話進行。
● 主動注意對方的需要。自然地誇獎對方，少說自己的得意；說話時要適時讓對方加入，這才能使交談保持愉快、持續。

交談是兩個人交互溝通的過程，如果有一方能主動引導談話，即使是羞澀的人也會被動加入。因此，只要把握一個訣竅：給對方機會談他自己，他會覺得跟你交談很有意思。但這樣的情境，必須由你主動巧妙地引導才行。請注意！我所謂的主動不是自己唱獨角戲，而是能經營出雙向溝通的互動過程。

第三個要避免的是「僵持、尷尬的氣氛」。為了保持交談的融洽，心理學家告誡我們：要避開爭議性的話題或者個人疾病、金錢上的困擾和婚姻問題。通常交談的氣氛會變得嚴肅不快，多是涉及個人隱私和爭議性的話題。因此，要避開它，設法談些無傷大雅、大家都能談的話題。不過，你要注意不陷入「我對你錯」的爭論，才能維持好的交談。

為了創造良好的氣氛，請切記：「如果你發出的信息是友善的，收到的信息也會是友善的。」為了要保持良好的氣氛，我建議：

- 要注意交談者的感受。你不可以只跟一個人講話而疏忽跟其他人的交談。冷落其他人不但有失禮貌，也會使他們渾身不對勁。
- 保持幽默感，才能化解交談中語言的衝突；幽默使人輕鬆，更能婉轉地化解爭議。
- 給別人伸展自尊的機會。你越能聆聽對方說話，適時表示支持和讚同，他就得到伸展自尊的機會，而覺得彼此的交談有趣。
- 如果意見不同，請不要否定對方，交談閒聊不是討論會，無需如此認真。

閒聊交談切忌品頭論足，平常的話題要用平常心來處理；要有「一斛濁酒喜相逢，古今多少事，盡付笑談中」的雅懷。人們在搭乘火車或飛機旅行時，常能與鄰座聊得津津有味；而回到家裡跟子女交談，卻很容易起衝突，把氣氛弄僵。那是缺乏平常心，以致造成非常氣氛的緣故。

我覺得交談是一種享受，一種出於自然的語言交流。它的目的是情感上、思想上、感受上的交融。我們如果太認真，把它當做一場你勝我敗的交戰，那就會變得緊張、敵意和對立，彼此不但容易衝突，更容易造成生活的困擾。許多親子關係的對立、夫妻之間惡臉相向，都源自把交談看得太嚴重所致。

有一位先生特地從中部來找我晤談，他說：「家裡的人總是說不上幾句話就衝突起來，尤其是孩子，只稍說幾句就跳腳。」我問道：「你們伉儷是不是也容易衝突呢？」他說：「是的，請問有什麼方法可以改善？」我告訴他：「全家人一起換個方式交談，情況就會好轉。」我仔細對他解釋上述技巧，介紹他看《我好，你也好》（遠流出版）這本書，協助他們改善交談方式。

你懼怕交談嗎？容易與人起衝突嗎？你想從交談中建立良好的人際關係嗎？這些問題都值得你關心思索。不過，只要你肯努力改善交談方式，就能克服你的難題，得到很大的收穫。

7

觸動情意的交融

如果想要建立相親相愛的關係，從溝通中下手是最好的方法。情愛是靠著溝通、關懷、真誠和寬恕來滋養茁壯的，它的精神是互愛。

情愛是健全婚姻的基礎，是教育子女成長的動力；當然，情愛也是孝順父母、維持良好親子關係的主軸。情愛對每一個人都很重要，是維持親人之間相親相愛、活得歡喜幸福的根本資糧。

情愛必須建立在給予上，而不能建立在需索上。互相給予，情愛就像水庫一樣，水量豐沛，可以灌溉良田，可以發電，甚至可以供娛樂泛舟。情愛的水庫是無價的寶藏。心理學家里奧•巴士卡力（Leo Bascaglia）研究指出：發展良好的情愛，最重要的因素是溝通、關懷、寬恕和誠實。其中溝通居最關鍵的地位。

在我的諮商經驗中，無論是夫妻或親子間的關係，造成彼此惡臉相向、失去親密情愛的首要因素，正是溝通不良，他們經常為一些小事鬧意見，累積敵意，造成更多衝突。他們經常說錯話、表錯情，使用不當的字句，造成彼此的隔閡。巴氏指出：如果你想要建立相親相愛的關係，從溝通中下手是最好的方法。他從人性的需要羅列出良好情愛溝通的原則包括：

- 常常用行動和語言告訴對方你愛他。不要假定他已知道，即使他聽了覺得難為情，這個慇懃不可不獻。
- 事情做好時要恭維，失敗時要給他打氣。不要心存他做事是理所當然的觀念。
- 當對方情緒不好、寂寞和遭到挫折時，要了解他、安慰他、支持他。
- 把歡喜的事說出來，能為彼此的關係帶來活力，增添生活的風采和情趣。
- 要讓對方知道你重視他，讓他知道自己受到肯定，並受到接納。
- 寬恕可以帶來情愛的發展空間；責備、批評和貶抑，只會使情愛枯竭。

我相信你和你的家人，若能鼓勵彼此這麼做，家庭的氣氛、個人的價值感和自尊，就很容易建立起來。反之，就會造成諸多不安、困擾和衝突，嚴重的話更會造成離心離德。

曾經有一對夫妻來跟我晤談婚姻生活。他們結婚三年，太太總覺得生活在焦慮和缺乏安全感中，並產生身體的不適和疼痛。先生說：

「是她自己多慮，我是她先生，當然會愛她；我的父母一向愛我，當然也會愛她；至於我的兄姊對我很好，當然也不會對她不好。」太太說：

「家人每天似乎都在挑剔我。他們認為我的學歷比先生高，怕我騎在先生頭上，所以要煞煞我的風頭。每天上班，工作忙碌，交通又擁擠，他們沒體諒我的辛苦不打緊，卻責怪我不能按時回家作飯。家事一堆全要我這媳婦做，做得好是應該的，做得不合大家胃口，就受到冷言冷語……。」她說到傷心處，不禁泣涕起來，顯得無助和孤單。

經過雙方一番傾吐，彼此有了更多了解，先生不再慣用他的口頭禪「是她過慮了」。在談話中，他也覺察到自己在家裡，一直扮演著置身事外的角色，他不願意面對現實，明明知道家人干涉他們的生活很多，但由於習慣性依賴，一直保持緘默。他終於傾吐出自己的感受：「我知道我一直在逃避一個現實——自立門戶。這需要一些時間，讓事情可以順理成章才行。」太太說：

「我體諒你的心情，只要有計畫，自然就能順理成章，建立自己的家庭。對於公婆我不會不盡孝，我也能諒解他們的習慣和想法。目前我陷入一個衝突，我得不到任何心理上的安慰和支持，卻又要強裝歡笑，承歡家人。我常常覺得我在否定自己的自尊，我活得毫無價值……。」她再一次傷心的傾訴所受的委屈。

我已經覺察到問題的嚴重性，這正是她產生身心症狀的主要原因。她在短短的三年婚姻生活中，得不到適時的情愛，卻要強迫自己去承歡家人，這會造成精神生活的崩潰；當一個人得不到支持，甚至還要受到批評和貶抑時，情愛就枯竭了。我總認為，情愛就是生命的火燄，是活得健康的資糧。人不怕苦，不怕窮，也不怕忙碌，最怕的事是覺得沒有人關懷和疼愛。

在交談中，先生看到妻子悲傷蒼白和絕望的表情，頓時也很驚愕，不知所措。我告訴他，「請靠近太太身旁坐下，摟抱她，用前額輕觸她的前額，幫她拭去眼淚。」他照做了，一時氣氛變得溫馨起來。就在這時候，我把巴士卡力所說的情愛溝通，為他們說了一遍。告訴他們情愛是靠著溝通、關懷、真誠和寬恕來滋養茁壯的，它的精神是互愛。

聽了之後，太太說：「他就很少像這樣抱我一下，安慰我幾句。」他們兩人繼續保持親近，先生的右手還環抱著她，「如果他能支持我，我受一些苦還是有價值的。」我說：

「先生！你覺得呢？你知道該做些積極性的回應，來提昇你們的情愛嗎？」他放下摟抱的右手，正襟危坐看看我，又回過去看看她，他們目光交映在淚水之中。他說：「我的疏忽給她帶來很大的壓力和痛苦。」然後，他欠了個姿勢，伸手握著她的手，凝神思索，深深吸了一口氣，很誠摯地說：

「我一定會愛護妳的。我本來就愛妳，現在我要改善我的做法，關心妳，分妳的憂，為妳做家庭溝通的橋樑。」他接著說：「我們結婚以來，妳為家裡操持辛苦，我沒有為妳做好溝通的工作，讓妳處處為難。」太太聽了這段話，神情輕鬆了很多。她點點頭說：「我只在乎你是否愛我、幫助我、關心我。其餘的苦，也就不那麼重要了。」

在面談諮商中，這對夫妻彼此會心得很快，他們願意去改變自己的情愛溝通方式。事實上，他們的癥結就在於溝通不良，導致「我越來越懷疑，越覺得失落不安，因為他一直都沒有對我表示關懷；緘默無異是冷漠，彼此沒什麼交談，使我越來越懷疑彼此是否真心相愛。」這種感覺會使夫妻的感情受重創，甚至婚姻破裂。

兩次的晤談，拉近了他們互愛互信的距離。他們作了一些改變，目標是建立情愛溝通的管道，重塑互相信賴的親密關係。此外，他們也擬定了共同的希望，發展他們的生涯，建立一個屬於他們和子女的家庭。他們相信：「只有我們茁壯，父母才得到保障，那是我們克盡孝道的基礎。」我很高興短短的兩次談話能促發他們這樣的覺醒。

我呼籲大家要重視情愛溝通，並不意謂著愛只需要溝通。事實上愛是給予，它包括給予關懷、負起責任、尊重對方和溝通了解。不過溝通了解是很重要的基礎，它像種子一樣，能孕育情愛之苗，繁衍茁壯，建立一片美麗幸福的家園。

貳

怎麼著眼就怎麼發生

在諮商輔導工作中，我發現人所注意的事件或現象，直接構成了他的觀點和態度。所以習慣性著眼於缺點的人，會形成悲觀的態度，眼光落在優點的人，容易振作。在思考上，善於分類比較的人，容易發展清楚的科學思考，反之含糊籠統的人，事理就不易通達明白。

注意是面對問題的第二步；你把眼光放在玩樂，耽於嬉戲和安逸，責任感就發展不出來，生活注定失敗。每天看著自己的缺點，不從長處著眼，未發揮自己的能力，挫敗和憂鬱會襲上心頭。把注意力擺在懷疑別人身上，心裡想的是不安和計較；把心放在彼此的合作上，便能互相關心，創造佳績。人由於注意的運作，才能蒐集資料進入思考的歷程；如果所取得的資料是以偏概全的，全是一面之詞，思考和抉擇就會發生錯誤。

因此《唯識論》闡明心理現象的第二個「遍行」就是作意。只要你存活著，到哪裡都有作意；它的意思是注意和反應。在前一篇已經說過觸、作意、受、想、思五個遍行是相互干擾、互相牽連影響的，因此注意力所蒐集回來的資訊，會影響心情、情緒、感受和抉擇。

談到注意力，就會討論到有些人注意力集中、有些人注意力渙散的問題。依我的看法，注意力不集中，是針對所要注意的特殊內容而言。也就是說，注意力能將其資訊蒐集起來，用以思考。我們說一個人的注意力不集中，其實，他的注意力本身並沒有不集中，而是注意力轉移到別的事物上。例如一個學生在上課時，轉移注意力去作白日夢；他對於聽講而言是不集中的，但對於作白日夢的注意卻很集中。

於是，除了神經系統或腦部受傷之外，大部分的人注意力是篩選的問題；是選擇注意對象的問題。這樣一來，如果人有了焦慮和緊張，他的注意力會偏向蒐集更多消極性的資料，而使思想和情緒更加焦慮緊張起來。因此，我們可以了解，情緒會左右注意的對象，注意的對象又回過來影響情緒，這是心理疾病的負性循環，也是意識之流的悲劇性漩渦。

態度和價值觀，同樣受到注意對象的影響。因為注意的著眼點是透過潛意識來支配的，當某人無法反省到自己著眼點是否偏差，於是心理健康成為正確思考和判斷的基礎。一個懼學症的孩子，看不出學習有什麼快樂，因為他鎖定的著眼點是怕失敗，他根本未能將心力用在觀察、分類、思考和推理上，他所想的是我怎麼裝出病症，好逃離讀書的厭惡。

憂鬱症的人與厭學的孩子，在本質上並沒有什麼不同；他們把注意力轉移到另一消極對象上，而且非常專注地蒐集那些可用來支持負面行為或心理症狀的資訊。因此，我們不應含糊籠統說是注意力不集中，而要重視注意和回應的對象是什麼。

注意力鎖定的對象，往往與文化、個人的生活經驗、特殊的動機有關。一個孩子長期在父母師長的教導下，如果偏重於矯正錯誤，愛之深責之切，那麼孩子也會發展出挑毛病和悲觀的態度。我們的社會強調補救缺點，完全疏於欣賞人的優點，所以普遍產生注意補短、而忽略了努力發揮所長的社會性格。這是一個既不健康又不能激發創造的特殊現象。

拖延的習慣，是一個注意力沒有被喚起的現象。人應該注意到生活中應及時解決的問題，但他拖延和疏忽，以致累積許多問題，而成為生活上的重負；許多學習上、生活上、婚姻上、子女教育上的問題，都是從這裡延伸出來的。疏忽該面對的問題，是給問題回過頭來打垮自己的關鍵因素。

保持注意力最好的方法是：生活態度單純，使我們保持清醒的注意力，去應付複雜的生活事物。以簡馭繁，比紛煩的生活更能選取重點，作有效的回應。有些人喜歡要求完美，這樣的態度會讓自己陷入紛亂，壓力增加，終至失去面對問題的勇氣。要求完美的生活態度，不斷作過度的自我苛求，是不能專注並導致情緒紛亂和心理問題的另一原因。

當一個人長期作意在別人所有、自己卻沒有的事物上；別人能做得到自己則否；別人的值得羨慕，而自己則自慚形穢時，內在的衝突和自我厭惡就會昇高。這使一個人自暴自棄和厭倦，甚至需要動用強烈的防衛機制來維持自尊，那時心理失調症狀就逐漸明顯起來，最常有的是尋求麻醉，如酗酒、濫用藥物、色情、賭博等。

值得特別一提的是，當青少年陷入上述自暴自棄和厭倦時，他開始轉移注意對象，不再著眼於真實，產生逃避的行為。時日既久，他的自我認同就不完整，在人格成長上發展成邊緣人格。他沒有穩定的自我概念；無法維持在不喪失自我的情況下去接納別人；同儕對他的壓力和牽引力過大，以致隨著同儕人云亦云；既不能接納自己的現實努力去改善或學習成長，也不能負起責任。青少年的問題，似乎就出現在他注意（作意）時的著眼點上。

心理輔導或諮商必須顧左右而言他的注意轉移：不能一味地圍繞著他的偏差行為或表現的症狀。比如說某甲陷入厭倦的情緒狀況，就必須透過重新審視自己的境況，去面對現實問題，從中尋找正確的資訊，透過對它的回應，得到成功的經驗、信心和喜樂之感。

人的注意一旦著眼於逃避、享受和自我麻醉，就會在生活中脫離現實，找藉口開溜。脫離現實的人，往往好高騖遠，理想和現實完全脫節，於是想出許多不實際的點子，以投機為業，以暴力橫奪利益，或陷入嗜賭如命的迷失之中。

健康的生活，必須學習著眼於實際；看清自己要什麼、能做什麼，對生活作真實的回應。今天，我們的教育特別強調的是功利和升學，青少年對於生活的真實性認識不清，他們著眼作意的地方常有偏差，於是在適應上有了許多困難。當然，在成年的世界，又何嘗不是一樣呢？

本篇旨在討論心識活動中著眼（注意或作意）點對心理生活的影響。我深刻的相信：人若著眼於真實，就能過正常健康的生活；著眼於愛，就能發展出幸福的未來。

1 發揮所長勝於補短

人必須善於運用自己的優點。每一個人都注定要與別人不同，都具有個別性和特殊性，善於把握它、經營它，便是成功之道。

每一個人都有長才，各具一些過人的能力，當然也有其短處；你來人間走一趟，無非是要善用你的長處，而不是苦苦花時間來補救自己所短。人的時間有限，善用自己的長處，比較容易發揮創意和潛能。至於你的缺點，除非特殊必要，才花時間去補救；其實你可以尋求合作，透過別人的長才，補自己的不足。

人本來就各有所長，上蒼作育不同性向和能力的人，就是要人懂得合作，採取互助完成的方式，各自得到應有的成功、自信和尊嚴。有一次我問朋友：「你從事國際生意，交涉談判都得有精確的語言，你怎麼把英語弄得那麼好。」他告訴我：「我會做生意，也會談判交涉，但卻不精於語言，所以我找人翻譯；我懂得市場，擅長經營，但不精於理財，所以需要有財務主管的協助；我也不諳法律，遇有需要，就向法律顧問諮詢；每一個人所擅長的只有那一些，除了借助別人，與人充分合作之外，似乎沒有更好的方法。」

我相信一個人不可能樣樣皆通。過去的讀書人，因為資訊有限，知識累積不多，可以同時精於幾個領域，現在知識爆炸，專業精深，要兼通各方面能力是很困難的。所以你只要精於所學所能，要把時間花在重點，把精神力投注於所長，比較容易獲得成功。

英國第二次世界大戰期間的首相邱吉爾（Winston Churchill）擅長演說、政論和時事的判斷，但所發表的許多文章，是祕書幫他潤筆整理出來的。同樣是擅長於語言智慧工作的人，有人嫻熟於文字，有人長於口頭表達，先從所長去發揮較容易嶄露頭角，接著尋求別人的合作，又可以更上一層樓。反之，若傾一己之力去補自己所短，優點反而閒置不用，那就不易成功。

在諮商經驗中，我經常發現許多人把注意力放在自己的短處上。有一位先生對他的羞怯覺得煩惱；他是會計師，只要參加孩子的家長會或公開赴宴，就會羞怯得坐立不安，他說：

「在公眾的場合，我很羞怯，坐立不安。」

「那時你想什麼，做些什麼？」

「我盡量不作聲，不正視人，真希望早些回家。」

「你何不跟他們談談你精通的報稅、理財或投資？你有自己的話題和長才，說自己精通的部分，自然覺得有信心、有氣勢，就不會羞怯。許多人跟你一樣，連愛因斯坦這樣的人也會羞怯，但只要談他的本行，羞怯就自然消失。」

他試著用自己的長才去表達，漸漸不那麼羞怯，敢於跟陌生人閒聊，進而話家常。多年的羞怯，帶給他殊多的心理壓力和煩惱，最後就在一個觀念的轉變下，有了很大的改善。我常對人說：要多去看你的擅長，它像朝曦一般絢爛，帶給你信心和勇氣，它正是上蒼的恩賜。

傳統的教育，經常帶著糾正學生錯誤的態度；發展成愛之深責之切的教育觀念，結果教師和父母的眼光，經常落在孩子的缺點和短處，改正、訓誡、耳提面命成為一般的正常教學方式，而很少去激勵孩子發揮所長，經營其特有的天賦。日子久了，孩子的天賦也就僵化，那就是迦納（Howard Gardner）所謂的麻痺化作用；它造成潛能的抑制、才能的萎縮或胎死腹中。

教育工作者必須有一對好眼睛、一雙好耳朵和一付好心靈，能夠察覺孩子的性向和天賦，欣賞他的長處，鼓勵孩子成長發展。當孩子對自己有了信心，能受到賞識時，就不可能學壞，也不會造成退縮和心理適應上的困難。這是成功教育的基本規範。

在我們日常生活之中，越是能看出自己所長、努力去發展與學習的人，越與成功有緣。這些人也比較樂觀，因為他們著眼於亮麗；他們比較開朗，因為他們看到的是走得通的視野。秀真是一位法官，我很欣賞她的睿智和判斷，她說：

「我把一群因祖產而纏訟多年的家族成員找來法庭，懇切嚴肅地告訴他們：為了訴訟彼此各不相讓，長期以來族人們所看到的都是消極面。這對於你們的人生、事業、家庭和教育女子，都會帶來負面的影響。你們不該只著眼於負面的向度，也要朝正面去思考。大家花這麼多時間和金錢來興訟這些祖產，還不如把心力放在創造事業和人生上。你們應該彼此和解，和好如初，順利解決財產糾紛，大家好有心力去創造未來。你們都是親族，要多看彼此的優點，創造優點；要多發揮才能，不要老執著於這些祖產。為一點點的爭議在此纏訟不休，遠不如各自努力去創造新局。」這些話打動了兩造當事人，他們欣然和解，纏訟多年的官司也就畫下句號。

人必須善於運用自己的優點，只要你對自己的優點和長才多所著力，它會像欣欣向榮的花木繁茂起來。每一個人都注定要與別人不同，都具有個別性和特殊性，善於把握它、經營它，便是成功之道。反之，天天用心思在填補自己的缺陷，志氣會漸漸消沉，走不出光明的路來。

2

凡事拖不如及時做

人要想生活得好就得先作些付出，有付出才有報償。所以你不能拖，拖了等於欠債，這一來情緒和心境就變壞了。

拖延是大家都了解的惡習；拖拖拉拉表示沒有效率，錯過時機，延誤事情。但是有些人還是偏愛拖延；他們的桌上累積一大落資料沒有看，家裡一大堆衣服沒有洗，一疊信沒有回。每天看著成堆東西叫忙；遇有點時間又望著堆積如山的事情，無從下手，望而興嘆。

拖延事情，會越積越多，結果看看偌多未解決的事情，倍覺意興闌珊。拖延到了期限，只好草草了事，或者把它丟到垃圾桶一了百了。我很敬佩內子秀真，她工作認真不拖延，能在忙中保持條理，在輕鬆中維持效率。家事因為有她擔綱，大家都沒有拖的遺憾。其實，我有些瑣碎的事，也是她幫我處理的。她說：「及時處理一些細活和瑣碎事情，就不會累積成大負擔。與其把一件件瑣碎的事堆積在那兒，任它張牙舞爪威脅你，不如安排個時間處理掉，免得干擾情緒，影響工作。」她真是我們家的典範，動作快、效率好，我常常受到感動，不由得自己也振作起來。她的工作很忙，但回到家卻是一位幹練的家庭主婦。我被她的精神力感召，也及時跟著她做些什麼，以免汗顏。她說：

「有些事是順手就能做好的，有些事則把它當調劑來做，還有一些就當生活的承擔來看待。人要想生活得好就得先作些付出，有付出才有報償。所以你不能拖，拖了等於欠債，這一來情緒和心境就變壞了。」我總覺得在她的生活中，老是洋溢著堅毅和果斷。多年前，我偶然聽到她跟孩子們的談話：

「今天非開夜車不可，功課太多。」孩子對媽媽說。

「偶爾熬夜沒什麼不好，不過開夜車是例外，正常作息才是正辦；如果把開夜車當常事，會使效率下降，而且養成拖延的惡習。」秀真溫和地對孩子說。

「今日事今日畢，開夜車是把今天的事做完，怎麼會是拖延呢？」孩子不解地問。秀真放下手中的工作解釋道：

「孩子！偶一為之，開個夜車算是今日事今日畢。如果天天開夜車，就有問題了。你想想看，晚上該睡而未睡，這就是拖延睡眠。前一晚開夜車，次日精神體力不濟，把應該在上課時聽懂、學會的功課，往後拖延累積，就造成往後更多的負擔。上課時有老師的講解，而沒有及時學習，拖延到家裡自己開夜車，效果就大打折扣。拖延是一種壞習慣，切記不要跟拖延打交道。」

我很高興孩子們沒有養成拖延的習慣，求學期間都能正常作息，今日事今日畢。我想那是受到媽媽身教的影響，這是我很感安慰的事。然而，到現在為止，秀真的那段解釋，在我的印象裡仍然深刻，而且在我的諮商經驗中，這類個案真是屢見不鮮。現在我經常用這段話來引導青少年，改變自己的習慣和想法，好讓自己從沒有效率、不健康和開夜車的焦慮循環中掙脫出來。

拖延還有一種更壞的形式，我稱它叫「窮拖」。這種人做什麼都不帶勁，早晨起不來，拖到中午才勉強起床。然後，一頭栽進電玩、漫畫、小說之中，三餐亂成一團，午夜還不肯入睡。一張蒼白的臉，一對無所事事的眼神。他拖延下來的東西太多，累積未決的事過於龐大，索性窮拖下去，得過且過，自己也不曉得該做些什麼。

窮拖型的人，給家人帶來嚴重的擔憂；而自己的情緒也會越來越蒼茫；會覺得無聊，不知所措。人總在這時需要友情的支持，但他沒有健康的友情，只有耽於逸樂的玩伴，這時他最容易和不知上進的人廝混。他的前途陷入危機四伏的險境之中，只要踏錯一步，就是誤入歧途。至於另一種窮拖的現象，就是無法面對現實；他繼續蒼白下去，而用心理疾病來代替他應該負起的責任。他從現實生活中退卻或隱去。

窮拖型的人，必須設法回到現實層面來。他要學習面對基本生活責任，革除推拖的惡習。不過，我發現許多青少年從小就沒有學習負責，拖延成為牢不可破的習慣，這使他無法面對現實，無從振作起來。一位蒼茫的青年告訴我說：

「我沒有興趣做家事，我想出去工作，但又沒有能力。」

「你可以學習工作，現在就來規劃。」

「以前我就想過去學一技之長，但還沒有著手。」

「你什麼時候開始，明天就去拿職業訓練中心的簡章好嗎？」

「我還沒有心理準備。」

對於窮拖的人，最好採取半哄勸半強制的方式，培養他的信心，一點一滴教會他謀生能力，他就能振作起來，產生積極主動的生活態度。

此外，生活中該作的決定是不能拖延的，每一個人都該學習當機立斷。該在什麼時候作決定，往往與怎麼做決定一樣重要。在經營事業上，草率決定，可能帶來不堪設想的危機，但拖延太久，則可能坐失良機。拖延常伴隨著多所顧慮，而下不了決定；有時拖延則源自割捨不下。心理學家指出：猶豫不決，陷入矛盾，是痛苦的重要來源。企業家則說：每作決定，在過程中必有適當的時刻，決定要及時，不能拖。我們的生活和工作，是無數決定的總和，無論在事業或個人方面，都得恰如其分及時決定。

拖延是一種惡習，除非你刻意用「拖字訣」來解決某些難纏的事情，否則你要設法革除拖延的習慣。拖延使一個人志氣漸漸消沉，抖擻的精神變成遲頓，使良機化為危機。最嚴重的是它使一個人思緒紊亂，不知所措，而變得頹廢。因此，與其拖延不如及時去做，能作這樣的改變，亮麗的未來必然有你的一份。

3 保持單純的態度

幸福是一種單純的態度。它是在工作之餘你能油然輕哼一曲；在你吃飯時，有心情和家人溫馨地趣談。

人要懂得縝密的思考，更要學習單純的生活態度；通常總是態度單純的人，才能孕育聰慧的思考。

我覺得思考縝密、能仔細觀察、蒐集資料、探討問題的人，他們的大腦是清醒的，工作效率和回應挑戰的能力也技高一籌。他們想得多，分析問題的變因精確，他們具有複雜精細的思考機能。所以，就人類適應環境及接受種種條件而言，思考越是精細複雜的，功能也越好。

反之，在生活的態度上越是複雜的，也是越麻煩的。他們想得太多，人際上過於敏感，對別人作太多挑剔，於是生活上沒有什麼事情能令他開心的。這些人經常製造惱人的事端，在家裡是一個不好伺候的人，在外頭也與人格格不入。可是，這些麻煩人物的思想，總是很簡單、很刻板；他提不出什麼好主意來解決正經事，卻能想出解不完的疙瘩，令人頭痛。

對付這樣的人，我給你一個方法：把那些複雜繁瑣的事情，統統放在一個簡單的盒子裡，把它當做一件事，「他就是這個樣子！」然後告訴自己：「別為他煩心。」這個教訓是從一個長輩那兒學來的。他說：

「多年前我初次當主管，同事裡有一位不能做事、是非卻特別多的人物。他沒犯什麼錯，就一直待在那個職位上，也因為過去的事情看得多，每當有新措施被提出時，總會被他潑冷水，冷言冷語層出不窮，甚至破壞了同事的工作熱情。有一天，我跟同事討論工作時，一位同事談到工作氣氛受他干擾的問題。我順手從桌子上拿了一個盒子，揉了幾個小紙團，一個個投進那個半尺見方的盒子裡，並為大家解釋道：『我們要認真工作，這是我們的職責所在；周邊的閒言閒語，就把它當作廢紙團，統統丟進去，別理會它，不要讓他影響我們的士氣。』

「後來，我發現辦公室同仁個個在桌上擺了小紙盒。問他們為什麼？他們笑說是為了裝閒言閒語。其中有一個人更打趣的說：『我也在家裡放置了一個比辦公室還大的紙盒。自從設置紙盒子以後，就再也不為老人家的嘮叨而煩心。』」

聽了這位長輩的話，覺得很有道理，我也在桌子上安置一個小盒子。當作心靈生活的垃圾筒，把一些不必要的顧慮和閒話，統統投置其中。後來，我發現有一個更徹底的方法，那就是直接把它丟進垃圾筒，並告訴自己，別理會那些無謂的閒話，保持內心的安寧。

保持內心的寧靜，就能維持單純的生活態度。這有益於專注，保持你的精神力去作正當的腦力活動，這使人頭腦清楚，神清氣爽，同時對於身心的健康，也有很大的裨益。

人總是在安寧時想出許多新的創意和構思。我在工作上不斷提出新的點子、開拓新的措施，是在安然神馳之中，自然流瀉出來的。我的寫作也是一樣，當我內心清淨無牽掛時，文思自然泉湧。當然，也唯有自己保持安適和單純的態度，對於家人才能輕鬆、和氣與親密的相處。

從傳記中可以了解，絕大部分成功的人，都保持著單純簡樸的生活態度，無論從事科學研究、企業經營或宗教慈善工作。越是需要高品質的思考，越是需要單純樸素，越想讓精神生活提昇，越須透過單純的態度。思想家康德過著很簡樸的生活，所以才有哲學的鉅著；胡適之也一樣提倡簡樸，而致力於近代學術思想的偉大貢獻；愛因斯坦終其一生奉行簡樸，物理學巨擘吳大猷又何嘗不是呢？企業界方面，日本的松下幸之助生活何其簡樸，而國內的王永慶先生亦然。

簡樸的態度孕育人的思考、精力和效力。心理學家布魯姆（B. Bloom）曾經調查各個領域傑出有成就的人，發現他們都能專注於自己的目標，單純而保持不斷的努力。這些人從投身其行業，到成功地拿到第一個殊榮，平均花了十七年。不過我們要注意，沒有單純的態度，是無法長期堅毅地努力，獲得最後的成功。

生活的單純也是美妙無比的。如果你不停的追逐，以為那會為你帶來幸福，其實追尋的結果，除了令生活變得更困頓、疲累之外，似乎得不到什麼。你賺了更多錢，煩心和執著的塵勞也越多。一位退休的朋友說：

「過去我一直以為努力可以得到幸福；年輕時拚命的賺錢，以為老了以後就能享福。我發覺辛勞了大半輩子，還是沒有享福。現在雖然經濟生活已經沒有憂慮了，卻在憂慮自己的健康、子孫的前途、學業，要享清福好像遙遙無期呢！」

我告訴他說：「幸福和快樂就像一個訪客，他專造訪內心安寧的人。如果你想得到他的青睞，就以簡樸的態度來迎接它。你試試看，不要想那麼多，把那些瑣事丟進垃圾桶，讓你的心漸漸清閒起來，你會發現幸福的存在。」

有一天我抽空邀他一起去登山，秋意正涼，山崗上綠蔭撫著清風，我們隨意找了一棵大樹休息，幾塊大岩石正好是靜坐的磐石，一派清閒自在。朋友說：

「噢！秋蟬聲好幽遠，風聲更柔媚，這種感覺真好。」

「對吧！幸福來扣你的門了。」

「清閒時我們能得到喜樂和幸福感。」

「我現在覺得幸福是一種單純的態度。它是在工作之餘你能油然輕哼一曲；在你吃飯時，有心情和家人溫馨地趣談。人必須愛上現在所過的日子，才會有幸福。捨去當下的生活，去想繁瑣的事務，就再也得不到幸福。」

我相信人類精神生活是建立在單純和簡樸的態度上，只有它才能帶給我們豐富的思考、有效的工作和幸福的生活。你不妨換一個想法，改變個態度，你會在工作中得到成功，在生活中得到愜意。

4

不苛求完美

人不能一味苛求自己，或者認為不完美就是沒有價值。能認識這一點，會更有勇氣接納別人的意見，更能結合別人。

為人處事，當然要實事求是，腳踏實地；但也不必要求十全十美，否則就會苛求自己。凡事苛求自己的人，心理健康容易受損，因為心理壓力大，經常處於困擾和焦慮的心境之中。另一方面，凡事要求完美，必然挫折感多，日子久了，也會貶損冒險犯難的勇氣，令自己卻步沮喪。因此，我常勸人改變想法，不要陷入完美主義的困擾漩渦之中。

柏恩斯（David D. Burns）曾經作過研究：他向一百五十位推銷員作問卷調查，發現有百分之四十屬於要求完美的人，他們表現的工作業績反而比別人差，得到的報酬也較少。更值得注意的是，他們常感到沮喪和焦慮。我年輕的時候，曾經做過買賣，留意過那些要求十全十美的人，簡直無法在商場上與人競爭，因為要求完美的人總是陷入數落別人或挑剔自己之中，他無法隨遇而安，更難隨緣結識商機。

後來，我在公務生涯之中，也發現類似的現象；那些要求十全十美的人，看似負責，但是經常處於孤獨和人際關係不良的狀況。當然，他們的情緒生活也較差。追求完美的人經常卻步不前，容易抱殘守缺。他把注意力放在是否符合他的完美標準上，而失去開創和創造的宏觀。他也把精力花在煩惱和不滿現狀，弄得心神不寧，而無餘力去拓展新機。

從觀察中發現，凡事講求完美的人，有幾個特徵：首先是給自己訂一個過高的標準，無論在為人或處事上，他認為如果不是十全十美就是沒有價值，難登大雅之堂，甚至是很遜的事。於是，他不敢披露他的成果，無形中失去嶄露頭角的機會。我知道，世上少有人能在一開始就把事情做得完美。人注定要在邊作邊學中成長，而一個要求完美的人，卻在剛剛起步的時候就把自己看扁，以致失去自我鼓勵、給自己打氣的態度。這一來，他幹不下去了。

有一位年輕朋友，他在文學創作上頗有天賦，我也欣賞他的才華，但他總覺得自己的作品不夠水準，遲遲不敢發表，他甚至懼怕退稿，認為那是很沒有面子的事。結果，他的焦慮壓抑了他的創作，一直寫不出作品，終至半途而廢。我自己也曾有過這種經驗，如果我想寫一篇出眾的文章，就會搜索枯腸，勞神苦思，而不知從何下筆，甚至想不出什麼文思或內涵。現在，我不再如此苛求，文章重在表達思想和情理，只要它能表達我的想法，跟讀者分享，就不再挑剔苛求。

其次，追求完美的人普遍有個壞習慣；他們老看自己的缺點，對缺點很不放心，甚至忍受不了缺點。這是造成焦慮緊張的主要原因。當一個人留意的都是自己的缺點時，優點和價值就會從他的意識中隱而不現；潛能開始受到壓抑，消極思想瀰漫在生活之中。

我相信避免錯誤、勇於改正是實事求是者的基本態度。但是踏實的人，看的是自己的整體，著眼於自己的優點，先欣賞它的絢爛和喜悅，然後有自尊地改正自己的缺點。追求完美的人正好相反，他們著眼於缺點，忘掉光彩的大部分，而陷入自責和內疚的壞情緒裡。

再者，追求完美的人很在意別人的批評，對於別人的負面評價尤其敏感，甚至有過度反應的現象。他們只要受到別人批評，就會顯露極度不安，甚至難過得無法入睡。他們養成看人臉色的習慣，只要別人說他好，他就安心；一遇到有人評頭論足，就覺得備受壓力和威脅。因此，完美主義者多少有些神經質，容易陷入情緒沮喪。

完美主義者，經常以成就來衡量自己的價值。於是，他會為自己訂一個高標，全力以赴。如果他順利的發展，就走向工作狂的生活方式，如果不能稱心滿意，他會覺得鬱卒。有一位先生，多年來一直抱持著完美主義的生活態度，他極度不滿意自己的工作和收入，又抱著很高的道德標準，看不慣周邊的人和事，而且不能接納自己低成就的自我批判。在惡劣的情緒下，人際關係隨著孤獨的自憐，變得與人格格不入，從而陷入嚴重心理困擾之中。從諮商晤談中，他列出自己追求完美的損失是：

- 影響情緒，造成焦慮不安。
- 失去信心和自尊。

● 失去許多機會。
● 抑制自己的創意。
● 影響人際關係。

當他把這些弊端和缺點列在紙上時，我又請他在另一端詳列追求完美有什麼實際的好處。他想了好一會兒，只列了兩點，其一是它能促使自己認真去工作，其二是他覺得這樣才算盡責，才安心。我問他說：

「它令你更認真的工作，不過你的工作是否做得更有績效呢？後來你真的安心了嗎？」他停了停，僵硬的笑容擠出一句靦腆的話：

「沒有。我就是陷入這個矛盾之中。」

「所以你要放棄追求完美，那是一個不切實際的想法。無論它從什麼時候養成，誰幫助你養成這個錯誤想法，都已不是重要的問題，重要的是放棄它。你一旦放棄它，就能享受生活的真正快樂。」

「怎麼放棄呢？」

「去重視工作和生活中的滿足感，不要著眼於對事物是否十全十美。比如你剛剛說過：你作了一個計畫，你的老闆對計畫提了一些建議，這使你有被否定的感覺。」

「是的。我覺得那是我的缺失，因此我會自責。」

「不過你跟老闆一起討論過後，把計畫修正得更完整，這件事情表現了你和老闆共同的創意，不是嗎？而你這份計畫從無到有是誰提出來的呢？」

「當然是我啊。如果沒有我作計畫，提出詳細的分析，老闆也想不出建議意見。」

「是囉！因為有你的計畫，才會有老闆的建議，這是你激發了他的思想，你要為此感到欣慰才對。」

他笑了笑。我重複提醒他：「去發現你的貢獻，去重視你的滿足感，要避免對自己苛求十全十美。」我又為他說明：「生活中的事事物物，只要你去挑剔，都會有瑕疵，我們是靠著與人合作，透過別人的批評和檢驗，才讓事情做得更好。因此，人不能一味苛求自己，或者認為不完美就是沒有價值。我們若能認識這一點，會更有勇氣接納別人的意見，更能結合別人，實事求是地完成更多有意義的事。」

我不主張馬馬虎虎的生活和工作態度，也不主張十全十美的苛求自己，這兩種態度都會帶來失敗和困擾。我主張實事求是，認清任何事都不可能十全十美，但我們可以透過合作，或接納別人的意見，使事情做得更好。請記得，我們能從朋友那兒得到意見，就值得額手稱慶；能從自己的反省中看到尚有改進的餘地，更應該高興下次會做得更好。用這種滿足感來代替自責和內疚，才是健康人生的態度。

5 走出厭倦的心境

厭倦源自人的怕苦和逃避，要克服它，就得挺身去面對它，肯努力工作，自然振作；最重要的核心是：你得起而行。

厭倦是現代人流行的心理症狀，它並不劇烈，只是隱隱的不適，覺得無聊，意志消沉，不想幹正事。活在厭倦中的人，花很多時間尋歡作樂，但還是揮不去發慌的無聊；他們要找些刺激，有時做出令人驚駭的事來，包括暴行、侵犯別人和自殺。

厭倦是一種對生活環境的不滿，但又陷於改變不了的無奈；有幾分欲求，加上幾分無能；他們有時會有一些憧憬，但又釐不清具體的目標。於是，空虛、消極和等待的態度持續盤踞心頭。時日既久，就衍生出對現實世界的扭曲觀念，經不起挫折，容忍力下降。一旦有些許不適意，便引發暴力！有時攻擊侵犯別人，也可能自我傷害或自殺。

現代人的物質生活水準，較二、三十年前的水準提高許多。為什麼辛苦的農業社會，人人積極振作，而富裕的現代人卻厭倦無奈呢？我研究觀察許多個案，發現主要原因有以下數端：

首先，享受豐富的生活，使新奇和滿足感的敏銳度下降，生活中一般的事物，引發不了人的喜樂和興趣。人對於生活感覺遲鈍，就像習慣於口味重的人，對於清淡的食物，覺得索然無味一樣。現代人生活安逸，享有的東西多，生活不覺得有趣。

其次是基本生活所需獲得容易，欲望提高；挑戰自己振作起來的事物不多，面對的挑戰又非一時可以克服，結果能振奮精神的事物相對減少，而較高難度的挑戰和需求，又非人人可及，這使人的心智變得萎靡不振。於是，產生一種冷漠的生活態度，像發不動的引擎一樣，有不少青少年陷入這種心智乏力的狀況。

精神生活必須經常受考驗，才會振作健康，而安逸的生活和被動地受到照顧，很容易喪失考驗的機會；生活過分容易，會使人厭倦。因此，人必須努力去接受一點挑戰。人生不是活在無憂無慮之中，這就好像活在靜止不流動的死水裡，魚兒根本活不了。特別是兒童和青少年，如果不提供他們一些生活的歷練，一旦養成怕吃苦的習慣，主動性就慢慢萎縮。厭倦是怕吃苦的結果，是逃避現實的精神症狀。因此，我主張多讓孩子參與家事，鼓勵孩子爭取適當的工讀機會。

其三，人的工作若與自己息息相關，或者有機會發揮主動性和責任感，工作者就會振作起來；反之，沒有什麼挑戰，心情就會鬆懈，日子久了反而覺得厭倦。許多人的工作刻板，按月受薪，工作與收入的多寡沒有直接關係，很快就會造成厭倦。其實，這種厭倦感，會直接影響身心健康，損害其生活品質，甚至發展成賭博、酗酒和互相推卸責任等惡習，直接影響其家庭生活。

其四，每一個人都想成為重要的人，得到恭維可能是生活中令人振奮的重要因素。誠如馬克・吐溫所說：「我聽到一句受用的恭維，可以高興兩個月。」我敢說，有時一句適當的恭維，會影響一個人的前途。僱主要懂得巧妙地恭維員工，身為主管更要運用巧思去恭維他的同事。每一個人都希望自己是重要的、受肯定的，只要你能在適當時機傳遞對方能幹的訊息，就能引發對方受肯定和自覺重要，而振作起來。社會心理學家指出：每一個人都希望自己是重要的，工作做得好，及時得到讚揚，精神為之一振，哪怕是辛苦的工作也覺得有代價。我知道，吝於恭維的夫妻，他們的感情生活會漸漸變得厭倦起來。其實，婚姻的厭倦感是外遇和不正常感情得以乘虛而入的重要原因。

最後，生活如果缺乏調味料，是很容易變得厭倦的。這些調味料包括幽默、風趣和逗笑。生活的情趣中，越是單調刻板的越容易厭倦。

厭倦這種心情，起先只是沒有生機的狀態。久之，就會發展成更複雜的情結，我只能用惡劣情緒來稱它。如果你不去了解根源，設法予以控制，那麼惡劣的情結就會像一群飢餓的野狼跟了過來，你不驅散牠們，就會在你不注意的時候，把你人生行囊中所存的食糧啖食一空。

第一種心情是沮喪，它併發一種拖延的惡習，你對於生活和工作中應當做的事開始感到不耐煩。由於該做的你沒有去做，生活中的情趣、友誼、成就感都沒有回流。這時會越來越無精打采，能夠增加個人價值感的事物，逐漸流失。從個案的變化和觀察中，我知道當事人正面對一隻看來文雅的野狼，它正使出勾魂攝魄的伎倆，準備吞食該人的人生資糧。只要再陷下去，他就會淪入憂鬱症裡，而且越來越嚴重。

另一種心情是忿怒，它的併發症是憤世嫉俗。他很容易因憤怒而與人衝突或大吵一架。厭倦的人缺乏耐性，甚至有一觸即發的脾氣，他的忿怒沒有什麼理由，只是不順眼而已。在工作職場裡，如果有這樣的人，他的朋友和同事自然會採取保持距離、以策安全的策略。他的人際關係漸漸惡化，人際支持減少。一個孤立的人，會使厭倦更加嚴重；有時自我反省，又產生內疚。這種不能自我控制的忿怒，加上對自己的內疚，使其厭倦的箭頭，指向他的工作。他終於把工作辭掉了，而他的主管和同事又何樂不為呢？他的前途被另一隻野狼吃掉了，而且這隻狼尤甚於前者。

再一種厭倦的情緒是絕望，它的併發症是放逐自己，不關心自己，「反正沒有人珍惜我，我也不再珍惜自己」，嚴重的情形就是自殺，輕微的就是自我傷害，他做不利於自己的事，糟蹋自己，縱容在聲光色賭毒之中。他所面對的野狼，是直接侵害他，攻擊他的人生。

人要覺察自己的心情，當覺得生活枯燥時，就要作一些調整，以免陷入長期的厭倦，我的建議是：

- 你要有真心的朋友，能互相支持和鼓勵。
- 在工作中，要認識工作的價值；如果是很單調的工作，那要從信仰中取得新的價值和意義來補足。
- 有機會旅行，它能調整你的厭倦。
- 找一件你該做的事，專心投注心力去做，能令你振作起來。
- 去做一些助人的工作，為窮苦、老病或殘障者服務，能引動生命力，讓人振作起來。
- 培養一些情趣，不忘在生活與工作中，適當地製造一些歡笑的氣氛。

厭倦源自人的怕苦和逃避，要克服它，就得挺身去面對它，肯努力工作，自然振作；多經營幾種趣味來調整生活，就有生機；擬訂新的目標，接受新考驗，更會令人活得起勁。不過，最重要的核心是：你得起而行。

6

不再找藉口

無論一個人遭遇如何，都得為自己負起責任；那是生為人所應有的本分。拿藉口為自己找下台階，那是失敗人生的寫照。

不再找藉口，對自己的人生將會產生重大的改變；那會腳踏實地，走在成功的人生路上。如果你慣於找藉口為自己開脫責任，不妨改變一下想法；面對現實，不再為自己找藉口。

人很容易找藉口，把問題歸咎於過去不幸的遭遇，或者是別人給你錯誤的指引，讓自己更有理由成為現在狼狽的樣子。他們忽視自己的責任，更忽視自己有權利站起來，不受自怨自艾的折磨；為自己大聲疾呼，振作起來做有益的行動。誠如心理學家弗洛姆（Eric Fromm）所說：「人在還沒有僵化之前，無論遭遇如何，都要為自己負起責任。」

責任是一個人成長、學習、茁壯的動力，有責任就能維持生命力，就能產生意志和力量，它是維持清醒和人格健全的因素。藉口所以為患是因為它自欺欺人，它欺騙、痲醉自己的大腦，使思考遲滯和退化，而形成坐以待斃的無能狀況。那些自甘墮落的青少年，有著特殊的藉口和想法，他們說：

「同學和師長都知道我正在看精神科醫生，治療偷竊癖的問題，相信他們都了解我。」

「你是說他們會同情你的錯誤行為？」

「至少他們了解我是情不自禁的。」在諮商中，很容易發現這樣的事例，作為諮商者必須警覺他們在使用藉口，設法推卸責任或防衛自己。如果不能突破藉口的障礙，他就不可能面對現實，還要繼續錯下去。但是，很不幸的是，學校一遇到偷竊行為，就要給學生記大過，兩三次就構成退學，於是家長也加入藉口脫罪的行列，這使得不當行為的心理背景更加複雜化。

找藉口在使別人相信自己已經盡了力量。其思考歷程是：「我已盡了全力，如此這般窩囊，不是我不盡責；其實我還蠻能幹的，你不應該瞧不起我。」或者說：「我之所以如此痛苦和不幸，不是我造成的；我不能接受這個事實，它不是我的責任。」他無論怎麼解釋痛苦和困境，都沒有面對自己的現實。這個心結的特性是：

- 藉口使人昧於現實，並得到暫時的安逸。
- 為自己從責任中開脫，尋求逃避。
- 繼續作痛苦的呻吟，並對現實的挑戰覺得無奈。

人為什麼會在失敗中找藉口，而不肯面對現實呢？為什麼要把責任推給過去的不幸，而不設法改進呢？我知道那是學習來的。我們的社會正流行著一種是非不明的觀念，說犯罪是由於社會因素使然，偏差行為是過去不幸的遭遇所造成的，而很少同時強調每一個人都有良知和責任，應對自己的行為負責。這樣的輿論往往使一些人學到一種藉口：我受到痛苦和創傷，才會有這樣的行為；我之所以傷害別人，或把生活弄得一團糟，那不能怪我，我也是不得已的。

我深知有許多人，他們出身寒微，但兢兢業業。他們雖曾受過重創，但知道力爭上游，知道人活著就必須清醒，負起責任。當然，我們的行事，多少會與過去的經驗有關，但我們有責任，也有良知和判斷，讓自己過得好些。

一位朋友，他做了不少助人的工作，他告訴我，自己的童年幾乎是在家庭暴力中長大的。他在孩童時代，幾次想逃家，躲避父親的兇暴，但實在無路可走，只得忍受那段痛苦的歲月。他說：

「我際遇如此，可以用受害當藉口，做一個墮落不負責任的人。但我沒有自暴自棄，反而堅毅刻苦，從打工做起，漸漸發展出一片事業，從遭遇中我學會愛，也學會如何待人。」

「無論一個人遭遇如何，都得為自己負起責任；那是生為人所應有的本分。人只要能把握這一點，就會鍥而不捨，努力不懈，使自己的人生變得光彩有意義。拿藉口為自己找下台階，不肯負起責任，卻只會諉過別人，那是失敗人生的寫照。」

人們往往未及把事情弄清楚，而作了錯誤的決定；這是錯在失察，而不能藉口別人催得緊，而導致自己的損失，這會坐失明智思考的機會。

自己用心不夠，能力有限，不知努力充實，卻責怪時不我予，那就是拿藉口來驕縱自己的愚昧和怠惰繼續作怪。

如果人有了不幸的創傷或遭遇，不肯設法超越，走出消極性的迷思，而讓藉口延續其自怨自艾，那不是在安慰自己，而是自暴自棄。

我相信生命是困難的，會有很多挫折和創傷；不要讓它成為上進的障礙，不要找藉口讓自己的責任睡著了，因為成功的人生是要靠良知和責任去思想，去回應，去創造。

7 賭是瘟神

賭是一種心理病，根本的問題是一種逃避現實，和心存僥倖的心態。因此，我奉勸大家，賭是瘟神，走避為妙。

我一輩子從未參與賭博，也許是宗教信仰的關係。但我確知這與母親的教誡有關。小時候母親曾牽著我的手，在夜裡去把父親從牌桌找回來；農村的鄉下，深夜裡猙獰漆黑，除了草蟲的聲音外，只有媽媽和我踏在石子路上的悄悄聲。母親把我的手握緊，「孩子！你一定答應我，將來不要賭博；那會欠債，會傾家蕩產，會沒有精神工作。」當時眼前所見一片漆黑，我把賭和漆黑的前景完全聯想在一起。

父親不是經年嗜賭的人，每逢過年的幾天，總要跟親戚朋友湊個熱鬧，隨興賭錢，但是母親卻不容許。她說，賭可以成習，是壞的身教，影響孩子的未來，必須及時戒掉。為了這檔事，母親勇敢地面對爸爸，制止他賭博。只要他賭，她一定去把他請回來。大家知道我父親不是好賭伴，不太找他入莊。漸漸地父親也認了。不過，在我的印象中，留下賭是猙獰可怖的鬼魅，它一片漆黑，我無論如何不賭，即使打牌、麻將都不碰。我把它列入生活的戒律之中。

有一次，我在演講會中，提到賭博的為害，引用了卡迪醫生（Steve Cady）的說法：「精神病醫生和權威人士日益認為嗜賭如命是一種病。他就像瘟神，使跟他生活在一起的人受累。賭博狂能毀掉人的事業，也能拆散家庭，並使人墮落、窮困、破產、坐牢，甚至自殺。」一九七三年美國精神醫學界指出，賭癮是一種心理中毒。五十名在醫院接受治療者中，都出現或長或短的脫癮併發症，症狀是坐立不安，周身震顫，頭痛或腹瀉。從研究中發現，賭徒是在逃避現實，而沉迷於賭博之中。「賭博是一種怪異、荒謬、逃避現實的方法，效力很強，與毒品相等。」於是，我經常呼籲，賭博危害甚多，要斷然革除這種惡習。

心理學家告訴我們，賭博通常在青春期開始。一個青年，腦中充滿自我懷疑的思想，覺得自己可能可以在賭博中逃避現實，或獲得補償；他們幻想著那是得利的捷徑，好像眼前就是一片新的生機。於是賭博成性，越賭越大。

濫賭一旦成習，就受到一種不能自已的衝動所支配。為了滿足這種賭癮的衝動，大量舉債，向人借錢。最後，嗜賭者過的是撒謊、行騙、偷竊的生活。相對的，由於賭錢的輸贏很大，對於平常工作的受薪會覺得不屑一顧。於是，要過一般正常的生活就越來越難。加上長期賭博，往往身無一技之長，更令他無法改變惡習。

賭徒的家人生活得很痛苦，因為他們被波及，以致債務纏身，精神上備受干擾。有時，為了賭債，受盡威脅恐嚇。在不安和衝突之中，賭徒的子女也受到心理創傷，埋下重蹈覆轍的可能。於是，唯一的方法只有懸崖勒馬，「完全的戒賭，而且要提醒自己，不能再犯戒，只要再賭一次就不可收拾。」

對於賭博的行為，我的看法有兩方面：其一是病根的問題，是人格成長過程中，創傷和信心不足，導致逃避現實，而造成賭博。其二是環境因素，漸漸養成習慣，而有了賭癮。基於這兩個基本觀念，我建議：

● 不要以小賭惡小而為之，小賭是走向大賭的開始，一旦陷入它的魔掌，就會毀掉自己的幸福。

- 賭癮一旦形成，不賭就會很難過，大家要把它當毒品一樣來防制。
- 賭癮可以戒除，但要配合心理治療；若能配合參加助人的活動或社團的活動，則能減低孤立感對賭博舊習的催逼作用，復發的可能性較少。
- 把賭博當作一戒，守住戒對你的家庭、事業和人生幸福大有裨益。

且不說賭博可能招致傾家蕩產。光是賭博成習，就足夠把家庭生活毀了；夫妻之間的感情受到傷害，連子女的成長也受到影響。有些人以為在家裡小賭博，打個麻將、玩個牌算不了什麼；輸贏很少，又有何妨。但賭博佔用了家庭溝通的時間，干擾孩子學習，剝奪了家人應有的溫馨。越是賭得一頭熱的人，孩子出現偏差行為的可能性也越大。

後來，我在公開演講之後，有一位女士問我：「怎麼幫助先生脫離賭癮，他嗜賭如命。我越是跟他吵，他越是晚回家，有時連上班都起不來，有什麼方法可以戒賭嗎？」我告訴他說：「到目前為止，好像沒有什麼特別的方法可以戒賭，除非他主動想通，不願意再沉迷下去；下定決心要戒賭。」她接著說：

「他看到家庭和事業兩蒙其害，想戒掉它，但一到晚上就會情不自禁想賭，好像中邪一樣，有什麼方法可以驅邪嗎？」多年的習慣，一時要作改變，當然會難以適應。於是我告訴他：

「你們可以作一次旅行，讓賭博的習慣中斷。同時，你和先生要作規劃，在旅行回來之後，每天晚上做什麼？要讓原來賭博的時間，被另一建設性的活動，如打球、培養新的興趣、參加社團的助人活動等等來取代才行。」

「就下定決心，從此不再賭博，這樣辦不到嗎？」

「不是辦不到，而是很困難。戒賭是一件大事，必須保證不再犯。如果不尋找別的活動代替，或從中取得人際的支持、溫馨和新的價值，戒賭產生的痛苦和空虛，會再度催逼他重操舊業。」接著我問他：

「你想過怎麼安排嗎？」她說：

「我先生和我已有共同的信仰，我們一起學佛、聽經、當義工，這樣可以嗎？」我很驚訝他們已有了完整的戒除計畫。我問：「是誰教你們的？」她說：

「我們請教過專家，他所說的跟你告訴我們的很接近。這給予我們很大的信心。特別在先生學佛之後，更表現出堅定的悔改之心。當然，這也要感恩我們師父的指引。」

我聽了她的陳述，受到很大感動，因為這位先生是在教團的師父、師兄、師姊的慇懃協助之下，「才下了堅定的決心」戒除賭博的習氣。「這樣你們一定會成功，戒除賭癮需要別人的協助，要打一場團體仗；而教友的虔誠和力量，有著無比的影響力。請切記！回去跟先生說，佛門『以戒為師』，好好守住這一戒，光明的精神生活自然流露出來。」

賭是一種心理病，根本的問題是一種逃避現實，和心存僥倖的心態；如果有了賭友、環境，就會引發賭博的行為，久之而成賭癮。戒除的方法很艱辛，也很費周章。因此，我奉勸大家，賭是瘟神，走避為妙。

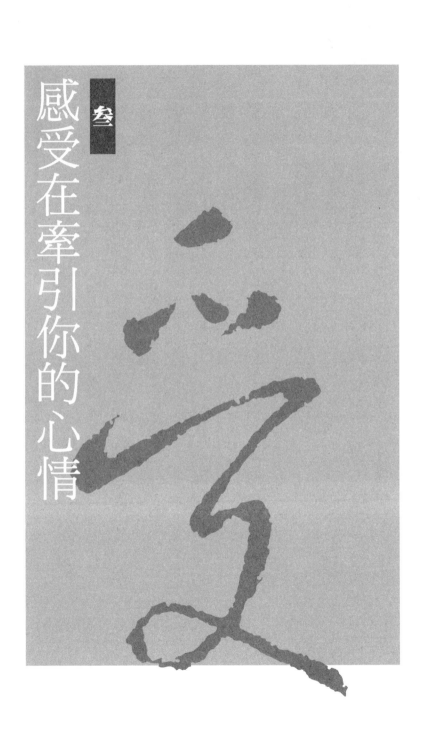

叁

感受在牽引你的心情

人對一件事情的感受，直接影響他的看法、認知和判斷。若你覺得別人比自己技高一籌，比賽時就容易鎩羽而歸；覺得別人比自己強，社會地位高，你感受到一種自卑和屈服。這時自尊和自信都會受到撼動。

當然，人若覺得生活乏味，沒什麼值得高興或珍惜的，那麼無聊、厭倦、無所事事之類的生活症狀就會出現。反之，若覺得生活很有價值，有著豐富感，就會活得比較快樂。這種積極的感受，引導一個人樂於接受挑戰，懂得苦中作樂，油然生起生命的熱情。

於是，《唯識論》對於人的感受，及其對意識活動的影響，特別予以關心。人的心理活動是：你怎麼感受，就會怎麼想；它牽引你的態度，干擾你的想法，支配你的心情。所以，人際互動之中，必須注意別人的感受；感受影響人對事物真相的解讀。厭惡的感受，令人對事件作過多消極性的評論；親切和充滿希望的感受，給人帶來進一步了解和接納的態度。

在企業體系中，採取過嚴的管理規範，會帶來不悅的感受，而影響工作的態度和創意。在教育上也一樣，嚴管和處罰，帶給學生的嫌惡感受，降低學生往後對求學的主動性和好學態度。在企業界裡，消費者對商品和廣告的感受，直接影響消費者的態度和接納程度。在教室裡，教師給學生的感受，也影響教室的學習氣氛和師生互動的品質。

你不會願意跟一位你討厭的人深談，也不會進去看似陰暗不淨的商店購物，除非你不得已。感受雖然是心理活動中的弦外之音，但卻深深主宰人的意願、想法和情緒。人對家庭的感受若是溫馨的，下班之後自然而然想回家；反之，則遇有呼朋引伴的觸因，就會情不自禁地跟著走。你如果注意到這點，何不在家庭裡建立良好的親密感、互相支持，相互給予對方較好的感受？

留意別人的感受，就能引發自己的同理心；注意調整自己的感受，認清自己的感受是否真實，則是維持良好情緒和清醒生活的保證。所以，不要一味要求別人能給自己的感受，因為我們無法掌握別人會對自己怎麼回應，你必須具備認清、調整和再評估自己感受的能力，否則就會隨波逐流，不能自己。我在諮商工作中，知道有許多人陷入嗷嗷待哺的窘境；他一直等著有好的感受，等著別人對他好一點，這個錯誤是幸福的致命傷。

所以，對於一位修行者而言，他會給別人一些好的感受，這是一種布施，一種生命活力的表現。他願意給人信心，給人尊嚴，給人溫暖和善，也願意給人希望。就自己而言，他能清醒的調整和重估自己的感受；提醒自己，「原諒對方，因為他正在生氣！」警告自己：「別人不一定要贊同自己的意見，意見就是各自不同，可以慢慢尋求共識！」就這樣，心情上得到安定，思考上流露出智慧。

如果在教育中，我們經常灌輸孩子「別人會見笑！」「你會沒有臉見人！」「別人會說你笨！」等等，純用不好的感受來壓制其錯誤行為，而不是從明白事理和求真求是去看、去思考、去明辨是非，結果理性得不到發展，其錯誤的感受型態，將延伸到生活的大部分層面。這使一個人陷入無能的悲觀，沮喪、憂鬱、焦慮等心理症狀，從這裡衍生出來。

所以，我們要強調的是真實，是正確的思考和感受，而不是一廂情願過度介意別人對自己怎麼想。有些人整天陷入十手所指，十目所視，他的壓力和痛苦就會升高，其次是我執的一種感受。人一旦對於舊的習慣和生活方式發生執著，就有著阻抗的心理反應，他無法忍受改變，不願意接受新的事物，一種故步自封、懼怕把自己開放出來的心情，就會襲上心頭。這種感受，會嚴重影響他適應自由開放的社會，而困擾和心理失調也因之增加。許多老年人經常以古非今，對於年輕一代的價值觀念嚴重排斥。由於時不我與，不論他怎麼排斥，也必須生活在時代的洪流，他變得適應更加困難。

由於固執與現實變遷的矛盾，使許多家庭陷入衝突，諸如婦女容易陷入就業與家管的衝突；兩代間對教育子女觀念的差異；對於經濟生活和消費態度的歧見等等，一種衝突不協調的感受，正造成許多人生活的困擾和不安。

人與人之間免不了有衝突、誤會和歧見，對於這些不愉快的事件，留下許多感受，它影響我們爾後待人處事的態度。人越是不肯原諒對方，對自己的折磨也就越深；原諒別人對自己的創傷，同時也是自己得以重生和自由的開始，這是在感受和情緒中解套，是生命世界最珍貴的至理。心結對一個人的心理健康有害，仇視的心結若沒有緩解，將會被報復、仇恨和非理性的行為包圍，這時人的真性就開始僵化，生活的創意和喜樂就不復存在。在諮商中，我屢見人對新愁舊恨的不肯釋懷。但一旦寬恕了對方，心靈生活即重現陽光。

保持好的感受，是心境愉快，讓自己有更好的活力，去面對艱辛生活，開展美麗願景的要領。所以換個心情過活，向神經質說再見，你會在生活的灘瀨中，接受它的喜悅，領受它的啟發，發展高層次的精神生活。

感受就像一個心理生活的過濾器，它不是生活事件的本身，但它卻能把生活內容作一些過濾，隱去一些資訊，讓你在無形中產生誤解；有時則加油添醋，給你添加紛煩。誰都不希望這個感受器曲解生活的訊息，但大部分的人都昧於它對自己的干擾。

情緒生活主要來自感受，好的情緒習慣如樂觀、祥和、安全感、毅力等等，對人產生積極性的發展；反之，惡劣的情緒，足以毀壞人的健康、生涯和生活品質。所以調理情緒生活，清醒地加以管理，感受就能發揮正常的功能，促進思想的正確和人生的正常發展。

好的感受是生命世界中美妙的一環；透過它我們領會恩典，接觸到精神本體界的大愛和思想。宗教之美、情操的感動、生命的歡慶均是靠著感受，才傳遞給我們的。以下的七篇，只是舉例性的說明唯識論的運用原則，提供讀者把握感受，開啟生命之美的方要。它在教育、輔導和諮商方面，都值得我們靈巧的運用和重視。

1 別太在意別人怎麼想

在意別人的評價，往往會在別人的逢迎誇獎中作出錯誤的決定，也會在別人的口誅筆伐中潰不成軍。

人如果太介意別人會怎麼想，就會壓抑自己的想法和創意。壓抑會產生心理病變，會令你失去調適的能力，特別是緊要關頭，需要做出決定性的回應時，會像發不動的汽車，令你有行不得也的慨嘆。

我觀察人的適應能力發現，越是在意別人的觀感，越會對自己沒有信心；越在意別人怎麼想，越容易使自己的缺點變成嚴重負擔。我知道，人必須了解別人會怎麼想，那是人際互動，彼此同理，交流情誼的基本心理過程，缺乏它，人會變得剛愎自用，少一點知人的靈嗅。但如果你太介意別人的想法，就會失去伸展自我的機會，那麼這個心結將成為壓抑創意和破壞健康的元兇。

美國已逝的科學奇才費曼（Richard Feyman, 1918-1988）曾經說過一段自己的故事。他的妻子（他暱稱她貓咪）一向很開朗，總有玩不完的花招，增添生活中不少情趣，在朋友中傳為佳話。費曼在普林斯頓時，有一天接到一盒妻子寄來的鉛筆，上面鏤著金色的字：「理查親親！我愛你。貓咪。」

費曼覺得這禮物是很好，但是鏤上一句親暱的話，如果跟教授朋友討論問題，忘了留在別人桌子上，別人會怎麼想呢？他不好意思用這些筆。可是當時物質缺乏，捨不得浪費，所以刮掉一隻鉛筆上的字來用。

第二天上午，費曼又收到一封妻子寄來的信，一開頭就寫著：「想把鉛筆上的名字刮掉嗎？這算什麼？你難道不以擁有我的愛為榮嗎？」然後是大寫字體寫著：「你管別人怎麼想。」這段話大大感動了費曼，後來他寫了一本書，記述著他們的感情、生活軼事和他自己在科學上的重大突破，就用「你管別人怎麼想」當書名。

作為一位諮商工作者，我很早就注意到：在意別人的評價，往往會在別人的逢迎誇獎中作出錯誤的決定，也會在別人的口誅筆伐中潰不成軍。這樣的人無法堅持自己的卓見和判斷。不過，更嚴重的是，太在意別人怎麼想的人，心理壓力總是很大。他每天面對著十目所視十手所指的壓力，總覺得別人時時刻刻都在注意自己的缺點或疏失。這使得一個人覺得退縮，失去積極主動的活力，當然連他的創意和主動性都會喪失。

這種畏縮是學習得來的，許多師長和父母經常對孩子說：「羞羞臉！你看別人會怎麼想！」次數多了，就會養成孩子畏首畏尾的習慣。尤其在日常言行上，稍不恰當，就以別人會笑話來壓抑孩子、批判孩子，都會造成嚴重的心理困擾。你只能就事實去告知孩子不當之點，要求他改進，或幫助他建立新行為，但不能拿別人來批判他，而造成屈辱。

有個孩子經常張著嘴巴，父母親覺得不好看，就常常指責他，「你這模樣，別人都會笑話你的！」這孩子來作諮商時，不留神還是張著口，但卻因為長期被批評壓抑而造成交友困難和懼學症來尋求協助。另外有一個孩子，因為父母親常指責他功課不好，在親戚朋友面前毫不留情的數落他，以致不敢會見親友。

有一次，一位年輕人來找我諮商：他患有口吃，尤其在眾人面前說話，舌頭更是打結。他回憶說：「我在國中時說話稍有口吃，老師要我多練習，所以常要我上台講話。我越是在意口吃，口吃就越嚴重。現在我在一家公司擔任行銷工作，常常為口吃而憂惱。上個星期，我向老闆作簡報，簡直說不出話來，羞死了。」經過仔細了解，確定他不是生理因素，於是我說：

「你這個毛病我也沒辦法，除非你老實當一位口吃的推銷員。」我接著仔細為他說明：

「要接受自己口吃的現實，毫無畏懼地表現自己是一位口吃的推銷員，然後培養一些你在業務工作上的優點，例如熱忱、信用、關懷等等，把它結合成你的特殊性和個體性。讓許多人知道你，在商界裡反而能引起別人對你的矚目，化缺點為助力。」我為他仔細解釋，目的是要建構一個全新的態度：他不再介意別人對他的看法。

他開始學習接納自己；坦然表現自己是一位有價值的口吃推銷員。他不再為口吃而煩心，口吃這件事就再也不構成障礙。經過幾個月，口吃的狀況真的紓緩下來。

人有一種矛盾意向（paradoxical intention），你越怕的事它就越成為困擾。反之，你處之泰然，把它表現出來給別人看看它有多厲害，卻反而減輕其症狀。由此可知，越怕陽痿的人，越是勃不起來；越是處之自然的，也就越不會產生毛病。越想隱藏自己的弱點，就越會構成焦慮和緊張，而強化了症狀和困擾。

我們要有正確的教育理念：父母和師長當然要指正孩子的過錯，但不能因錯誤而羞辱他。我們應多發現孩子的優點，從而建立他的信心，不要處處挑剔其缺點，令其懼怕畏縮，更而造成心理上的困擾。請注意！了解別人會怎麼想是正確的，但如果太在意別人怎麼想，就會產生麻煩。

2

打破僵化的觀念

舊觀念只適合過去的社會，不能符合現代人需要；要適應自由開放的社會，就必須發展新的觀念和適應方式。

社會變遷快速，為求適應，務必打破僵化與固執，求新求變，才能過成功的生活。人要勇於改變自己，要把不好的習慣改變成好習慣，把舊觀念改變成新創意，把不合時宜的知識改變成嶄新的見解，把渴望去做的抱負變成事實。

最近，在處理家庭諮商個案中，發現婚姻的危機，幾乎如出一轍，問題的癥結在於固執己見。先生抱著大男人主義，要求太太把工作辭掉，好專心照顧家庭和孩子。這種事，過去是司空見慣的。但是現在的觀念改變，除非太太自願或同意，先生是不能強迫太太辭掉工作。現代的女性，事業心並不亞於男性，能力表現都不差；工作的成就是心理生活需要的一部分，勉強太太辭去工作，是不當的做法，同時會引起兩人的衝突和危機。一家之中如果先生的想法以男人為重，公婆的想法以嫁雞隨雞作要求，這個家庭就得面對一些難題。這時，我的看法是改變與調適，要認清時代的潮流，改變想法，試作調適。一味勉強太太把工作辭掉，後果不堪設想，最常見的是：

- 太太感到挫折，抑制自己的情感，造成憂鬱的反應，影響婚姻的幸福。
- 孩子漸長，太太要回到工作崗位卻有困難，造成生涯上的遺憾，並轉變成心理問題。
- 家裡少掉一個人工作，收入不足，經濟生活的衝擊難免，這時許多男人卻會藐視太太，對她發脾氣。
- 家庭生活互動中，先生的強勢作為漸增，太太的劣勢慢慢形成，造成家庭人際互動的失衡，影響婚姻幸福和子女的心智成長。

男尊女卑、強勢主導家庭的作法，對於現代的家庭衝擊殊大。觀察中發現，採取這種過時觀念的男人，不但對太太或婚姻造成傷害，對自己也造成嚴重的損失。補救之方唯有改變為彼此平等尊重，互相溝通協調，避免一方強勢作決定。

為了適應環境變遷，人必須學習改變自己。過去的讀書人，要人三顧茅廬才肯出山，要三請四請才肯收一位弟子；教育子女要棒子底下出孝子，用嚴管責罵建立長輩的威嚴等等，這些都是過時的觀念，必須適時改變。現代人應重視發展彈性應變、理性的思考、人際的交流和性情的陶冶，而不是一味守住舊觀念和老習俗。舊觀念只適合過去的社會，不能符合現代人需要；要適應自由開放的社會，就必須發展新的觀念和適應方式。

觀念的僵化同時也是教育問題的根源。親子衝突的主因是光管而沒有教；未協助子女解決問題卻一味要求好結果；父母採取嚴厲的指責，反而造成子女的偏差行為。這些舊觀念如果不作改變，子女的教育問題會繼續存在。當然，改變的方法就是學習新的教育方法，用它來取代舊的觀念。

個人在事業、健康、人際、娛樂各方面，都必須隨著社會變遷作一些調整。調整就是改變；要勇於學習新的態度和習慣，才可能有良好的改變。最近，有一位先生來晤談，他想回家鄉發展第二生涯，他說：

「人到了某一個年齡，似乎很渴望有機會去實現自己的夢想。我現在痛下決心，準備回家鄉，去經營一個農場，你的意見怎麼樣？」我問他：「那真的是你的夢想嗎？你是不是長期以來一直關心著種植花菓？一直在蒐集相關的資訊？你作了些什麼準備呢？」我這樣問他，是要了解他的真正意圖；究竟是為了逃避現在工作的壓力，抑或真有自己的夢想。他說：

「我不斷蒐集種植的新知，從育種、栽培、施肥、收成等各方面都投入心血。我也對自己的經濟生活、家庭生計作了起碼的打算；我有信心做得好。」

這位先生家裡的農地是現成的，一切都已安排準備。我問他：「你都已安排妥當，為何還來找我晤談呢？」他說：「我來請教你，如何使自己更有信心去實現自己的理想。」我告訴他，要珍惜這個夢想，認真採取行動，我的建議是：

● 要常常溫潤自己的夢想；鼓勵自己踏實的行動，並以能著手實現它為榮。

● 變遷快速的社會，要注意求變求新；要用新的資訊和方法去處理工作業務，不可以死守成規不求變通。

- 學習和請教專業人員，注意凡事總在於自助、人助而後天助。
- 目標不是一蹴可幾，不妨照行為學家的建議，分成幾個階段來完成。
- 別忘了凡是要實現夢想的人，就得付出代價；你要肯幹，遇到挫折時要有耐心去克服。

我隨緣想起這些建議，供他作參考。想不到他聽完之後，竟然那麼開心。他說：「得到你的鼓勵，令我高興安慰。為了要改變我的生涯，有很多朋友阻止我，警告我不切實際，給我潑冷水。今天，我好像洗了一個熱水澡一樣暖烘烘的。有你的祝福，我會更有信心實現夢想。」

心理學告訴我們，碰到新的情境，需要學習新的智能。然而面對眼前的困難時，有些人會產生阻抗現象，它阻礙我們開拓新局的勇氣，抗拒接受新觀念新作法，讓我們陷入停滯狀態。這些人是被一種懼怕和焦慮所困，以致無法突破侷限。如果要打破這個消極桎梏，就得鼓起勇氣，努力改變自己的想法和作法，學習新的能力，去創造新機運。

3 原諒別人是為自己好

原諒是解脫之道。不肯原諒，孽緣就會俟機成熟，形成惑業，再度緣起新的傷痛和無明。

與其為爭產懷恨，不如用心另謀創造新機；與其懷恨舊創，不如原諒好圖個寬心自在。人必須懂得原諒別人，我從心理諮商中發現，原諒不是為了別人，而是為了自己。

有些人，他們在工作中遇到找麻煩的上司，在婚姻生活中受到公婆的無理對待，或者被不忠實的朋友出賣過，這些都令人久久不能平復，懷恨在心。不過，我要提醒你，這些心情每憶想起來，就會令你痛心，干擾你的思想和心理健康。如果你不肯釋懷，勇敢從你心中把它掃地出門，它會蝕骨錐心，令你隱隱作痛，有時還會投射到無辜者的身上。

熬出婆來的人，容易用苛刻的態度對待別人。糟糕的是：年輕時他受氣，現在他用同樣的方法待人，一樣受氣，甚至是一場失敗和悲劇。我主張原諒，把它清除掉，不要讓那些痛與恨在你的心中繼續藏納。只要你肯放下它，你就不會被負心的人一直纏住。

我常聆聽滿面愁容的人敘述著他過去的悲愴歲月，結論總是說：「我今天會弄到這副模樣，就是從這裡來的。」有人怨恨父母骨肉，有人怨恨朋友師長，他們的傷痛往事已過，但是舊恨新仇卻盤根糾結在心頭。我總是試著為他動點心靈手術，把那些舊恨剝離開來。我告訴他：

「原諒他，你就會好些。」

「我不可能原諒他；他讓我受罪，錐心之痛，我永遠記恨他。」他總覺得這種仇恨怎麼可以原諒呢？那還有是非嗎？公理和正義到哪裡去了？我的觀察是：他們誤以為記恨可以還我清白，可以得到補償，或者記恨是一種公理的堅持。於是他抱著深痛，在痛苦的掙扎中哭泣。抱著憂憤的火球不放，是病的根源。通常在晤談時，我總是讓他一吐為快，讓他知道我感同身受。等他冷靜些許，我會告訴他：

「在心靈生活上，他在你的肚子插了刀，你是不是要拔除它，把傷治好？拔掉它的方法就是原諒或寬恕。他佔了你的便宜，你要把它視為一種奉獻。他令你痛苦絕望，要把它當做對主或彌陀教化的實踐——寬恕。記得！把你所想的那些憤怒、公平、補償交給祂去處理。用心靈的感應，讓祂拔除你心中的那把刀，賜給你清涼、福報和安祥，並得到祂的愛與拯救。」

「我怎麼得到祂的安撫或救贖？」

「念佛或禱告！原諒和寬恕會產生無比的心靈力量，讓你得以超越這些痛苦。你會有如親見爹娘一般，得到彌陀或主的慈愛。你也會發現，真正軟弱和無明的是傷害你的人，他已然墮落，你要以慈悲去看他的軟弱，你就越發能原諒寬恕他。」

我們當然要努力維持公平與正義，要維持愛與和平，但世間有些傷痛事件已然過去，再爭纏下去，徒然壞了自己的心智。談到這裡，我想起多年前，兩位長輩為了分割土地起了糾紛。老大分少了，老二分多了；老二蓋房子時又幾乎越過界來。這位長輩傷心憤怒，把滿肚子不平傾吐給母親聽，母親很能了解他的心情，告訴他：

「土地早已分割好了，當時你沒有據理力爭；現在抱怨不公平已太遲，抱怨也沒有用了。他把房子蓋在界址上，是很過分，很貪心，也很霸道，不過界址只是一條線，也很難弄得清楚。反正地籍上佔有多少土地是寫明的，那一點地也跑不掉。唯一的問題是你看不慣他的霸道。」

「對了，就是嚥不下這口氣！所以每天很痛苦。」

「你幾歲了？」母親突然換個想法問他。

「七十出頭了。」

「人向上蒼借用一些東西生活。土地是其中之一，再借也沒幾年，原諒你弟弟吧，他看不開，眼界小，你可不要跟他一般見識。你的心如果被那一小塊土地繫住，就回不了極樂的老家了。」我的這位長輩就舒坦許多。

我總覺得母親像是天生的心理諮商家，難怪過去在宜蘭老家時，鄰居總喜歡到家裡來聊天，而且每一次聊天，似乎都能令大家舒坦心情回家。我從她那裡學到的是：事情當頭，一定要說清楚，不可以含糊，但有很多事是說不清的，甚至連說的機會都沒有，委屈傷痛已經臨頭了。那時，你能給自己最大的恩賜是原諒和寬恕。

原諒其人，寬恕他的行為，完全是為了珍愛自己。「你受到創傷和損失已經夠慘了，你還繼續折磨自己嗎？你情願讓自己陷於親痛仇快嗎？你繼續憤怒傷痛有什麼好處呢？你現在想要的是什麼？」我採取反問的方式，讓當事人好好地反省。我也告訴他：

- 原諒別人並不表示「別人對，自己錯」，也不在於值不值得原諒，而是自己從舊創中走出來，能自由地思考和抉擇。
- 別以為記恨在心能得到補償，採取這樣的想法或做法，往往使自己失去開拓新生的機會。原諒不是值得或不值得的問題，原諒就是放下它，化除它對自己的干擾。
- 創傷是可以發洩的，你可以找適當的人談談，寫在日記上，或者尋求專家的協助。

●透過信仰能超越傷痛，這能令你與那精神世界產生虔誠的交流，在那兒得到洗濯和治療，祂幫助你寬恕了對方。

原諒是解脫之道。不肯原諒，孽緣就會俟機成熟，形成惑業，再度緣起新的傷痛和無明。原諒和寬恕不是縱容不義，而是別人害得你傷心受苦，你無法掙脫，這時你原諒了他，這會使你更清醒更有力量生活下去。

4

換個心情好過活

可以輕鬆就輕鬆；可以笑，何妨來一次開朗的笑。大笑可以帶來內臟的運動，可以使人增加氧氣，可以引發好情緒。

每一個人都有憂心和沮喪的時候，它是挫折時的自然反應，也是解除困境的催化劑。人總是覺得不好受時，才會千方百計想點子，設法解決問題。

不過，當心情壞到一定的限度，會抑制解決問題的創意，干擾正確思考和判斷，甚至放棄面對問題的勇氣，而尋求一了百了的短見。因此，有些棘手的問題，一時沒有解決的方法，例如居喪的哀傷、婚姻決裂時的沮喪等等，如果沒有適當排遣，會使身心陷入嚴重的創傷。此外，還有一些人情緒習慣不好，經常為雞毛蒜皮的小事鬧情緒，日子久了，也會無緣無故沮喪憂愁。我發覺，生活在這個高競爭高壓力的社會裡，受壞心情折磨的人很多。

壞心情是可以調理的：只要你換一個想法，做一個有益的行為，就能牽引好心情出來，為你的困擾解圍。有一次，一位中年女主管找我晤談。她說，她常常覺得心情不好，有些沮喪，意氣消沉。她擔心這種狀況持續下去會被炒魷魚。我大略了解她的狀況，知道問題的核心是情緒習慣不好，會為一些小事鬧情緒，情緒過後又會產生莫名的意氣消沉。我告訴她說：

「有兩個處方對妳有用，都是妳辦得到的。妳願意照辦，我就告訴妳。」

「當然願意，要不然我為什麼來找你晤談？」

「第一請妳每天早上做三十分鐘的運動；慢跑、游泳、打球、有氧舞蹈等等都可以。運動能給妳好的體力和精神；又能給妳帶來好心情和天然的鎮定效果，在思考和記憶方面也會有所裨益。妳要天天做，有恆心地做下去。請記住！妳未來的美麗願景，會因運動而更分明，更容易實現。」

「第二個處方是什麼？」

「改變心情；我是說妳該換一個好心情。」

「壞心情就是壞心情，怎麼能換個好心情呢？」

「妳可以在上班時，裝出一副快樂的表情。先裝成快樂，不久就真的快樂起來。」我接著告訴她說，「我們既可以裝出某些行為而引起情緒，當然也可以裝出某些情緒而引出想表現出來的行為。」

於是，我教她裝個笑臉，假想自己神情愉快，和藹可親。接著，我示範給她看，她也試著裝出愉快的神情。這時，她不由得大笑起來。我說：

「就從現在開始，妳要裝著心情快樂的表情，像打從心底快樂起來，包括心肺舒暢的感覺。」然後，她笑得認真，又是一次大笑。忽然她肅然起敬的坐好，「老師，我笑得太大聲了，這樣有些失態吧！」我說：

「妳越是拘謹，越容易不快樂，日子久了就壓抑了人的活潑天性而變得沮喪。許多不快樂的人是由於成長過程中，一直被要求不苟言笑而起。現在，妳要看場合，可以輕鬆就輕鬆；可以笑，何妨來一次開朗的笑。大笑可以帶來內臟的運動，可以使人增加氧氣，可以引發好情緒。跟家人一起逗笑，跟同事保持幽默，對心情幫助很大。這些都是心理學家們研究證實過的方法。

「嘿！現在要加個第三個處方了：善用幽默和笑。保持幽默，所謂普世性幽默，是對於人生似是而非的道理和生活之中荒謬唐突事故，保持一種超然欣喜的態度，對於情緒的調理特別具有建設性。

「至於笑！聽說正常的美國人平均一天笑十五次。心理學家建議把它當做判斷樂趣的基準。大家不妨拿這標準，看看自己是否笑了十五次。我和內子為了尋找幽默的笑聲，經常蒐集一些出人意表的相關語，製造一些笑聲，甚至找一些笑譚之類的題材，逗逗彼此的心境，享受歡笑。」

這時，我又問她：「是否還在裝著愉快的樣子？」她說：「從剛剛保持到現在還覺得愉快，特別是大笑幾聲之後，心情就更輕鬆了。」我知道她已得到要領。像這樣的心理學技巧，是改變心境的好方法。

這真是心想事成的方法，可是為什麼有許多人卻情願讓自己泡在不愉快的心情裡，慨嘆著一籌莫展的鬱卒呢？依我的觀察，有許多人在沮喪時，沒有自覺到要去改變自己的情緒，以致惡性循環，而產生更多焦慮和困擾。其實，每一個人都可以調整壞情緒。心理學家艾克曼（Paul Ekman）實驗指出：讓人做出特定情緒的表情如驚訝、厭惡、憂傷、憤怒、恐懼和快樂，結果當受試者表現害怕、憂傷等表情時，他們的身體就作出真的害怕或憂傷那樣的反應。

所以，當你心情不好的時候，不妨裝著快樂的樣子；可以透過幽默和笑來改善。不過，艾克曼提醒我們，虛偽的大笑，太短促，只用嘴角不用眼睛，不能產生快樂的感覺，因此要笑得認真才行。這也就是說，你要從淺笑，逐漸擴大成為熱情、露齒和放聲的笑。

這裡所說的幽默和笑聲，是一種改變心情的技巧，讓我們有更好的心力去面對困難，培養解決問題的創意和堅毅度，而不是教人學習一笑置之、得過且過的態度。我相信，一個人只要能保持好的心境，就能令自己振作起來。

心情是可以改變的，只要你經常作運動，心情就會比較愉快；肯提醒自己表現快樂些，精神會為之一振；肯多培養幽默和笑聲，情緒就會得到調理。除此之外，要注意一下自己的儀容，穿著會影響你的精神，一副邋遢的儀表，對於原本就心境不好的人，往往造成更多負面效應。

你不妨試試看，改變一下心情，讓自己活得快樂些。

5 寬恕可以療心

既然無從挽回，那就寬恕他。透過寬恕，我們才會堅強起來，才會癒合內心的創傷，重新開展自己的未來。

人如果受到別人的傷害，蒙受冤屈，遭人欺侮或創傷，就會產生憤恨之情，深藏在心裡，久久難以釋懷。當然，這種痛與恨會在心裡悶燒，或者像酸液一樣腐蝕精神力。長久下去，不但令人痛苦發狂，對身體的健康危害也大。

人在遭遇不公平或苛刻對待之後，會產生很深的痛恨。每次想起舊恨就會添增新愁，回想過去的屈辱更是心有未甘，就會陷入新愁舊恨的惡性循環。一位女士跟先生離異之後，開始陷入這種痛苦的漩渦，她痛恨自己被騙，現在孑然一身。她詛咒前夫和新妻，希望他們不得幸福。她每天哭泣，時而嚎啕大哭一番。她想脫離痛苦，但對歷歷往事揮之不去。兩次面談，都在聽她的傾吐，第三次談話時，她說：

「我這麼痛苦，活不下去了。」她哭得令人鼻酸。

「我知道妳很痛苦，現在把痛苦再說一次。」

她傾吐心中的積鬱，說出自己受盡了委屈，斷斷續續抽泣，而夾雜著痛哭。適當的傾吐，能使人恢復平靜；及時的關懷能讓受創者得到暫時的鎮定。我說：

「妳恨妳的前夫？」

「痛恨至極；他沒良心，豬狗都不如。」

「妳現在已離開他，不再受氣了，不是嗎？」

「可是我痛恨，他傷害我，侮辱我，我恨。」

「妳恨他，卻繼續折磨自己。妳用傷害自己的方式來表現給他看，證明他把妳折磨成這副模樣，用來告訴大家妳的痛苦完全因他而起，是嗎？」

「都是他害我的。」

「可是他不可能再折磨妳了。妳那惡夢般的婚姻已結束，不再受氣，再也不會受到屈辱。妳現在要面對的是自己，是自己的前途，自己如何去過充實的生活；如何東山再起，高高興興地活給大家看。妳把自己折磨成這麼憔悴，對妳有什麼好處？妳究竟想要什麼？」

「我就是恨他。」

「這樣對妳有什麼好處？」

「沒有。」她低聲的回答。她的臉龐泛出平靜理性的表情。

「那麼想想看，怎麼做對妳有益？」

在這次晤談中，她應允恢復工作，從此情緒也比以前安定。以後的一段日子，她維持著工作，心情上仍然未能擺脫恨與痛的糾纏。不過，每一次談話，都能給她一些新的改變。有一回她說：

「我想擺脫過去的憤懣，但它總是襲上心頭令我傷心。」

「要徹底治療妳的傷痛，只有一個藥方，那就是寬恕。」

「寬恕不了的，這很難。」

「仇恨當然很難破除。但妳要認清，使妳痛苦的正是妳自己的想法——仇恨。如果妳想著仇恨，想著討回公道；那麼妳的心就陷入無止盡的掙扎和敵意，這會使人變得痛苦和焦慮不安。它更使妳變得脆弱了。如果妳能寬恕他，這些新愁舊恨就不會盤踞在妳的心頭，妳要寬恕他才行，寬恕他也等於有能力赦免自己的痛苦。」

「怎麼做才能寬恕呢？我還是覺得憤憤不平。」

「妳要看清楚：恨和傷痛是在妳這邊，當妳在痛苦時，他可能正在喜悅地跟新妻在一起。不要把自己牢繫在過去的舊恨之中，這會使妳失去面對現在的活力。寬恕的意思不是什麼以德報怨的大道理，而是要你把過去的恨一筆勾消，才得到真正的自由，否則妳就滯留在舊恨的記憶之中，無法回到現實的生活來。」

幾次的晤談，她漸漸遠離傷痛，她的心力轉移到對未來的規劃。雖然她還是說：「我很難寬恕他。但卻願意為自己的新生努力。」於是我們結束了晤談。事過兩年，我在中部的一場演講會後，她出現在我面前，愉快自信，她說：

「老師！很感謝你當時的關懷和指導。我在中部有了自己的事業，經營順利。我寬恕了他，是在寬恕之後，我才有精神發展自己的事業和未來。」她跟我談了好一會兒，最深刻的一段話是：

「現在我才領悟到：要是把以牙還牙當公道，執迷於憤恨和舊愁，那麼我就沒有力氣創造新生。」

這句話說得真好。令我想起另一樁往事：曾經有三個朋友合作生意。甲心懷不軌，侵吞巨款，最後弄得商店負債累累，只好解散拆夥。乙和丙都知道甲圖謀不軌，侵佔了巨款，乙每天心懷痛恨，事過十年還沉迷在痛恨之中，身心俱疲，窮苦潦倒，一遇到熟人就舊事重提。恨有如毒液一樣，不斷傷害他的人生。而丙在拆夥不久，卻寬恕了他的朋友，不再為他的不義痛恨，專心發展事業，卓然有成。他說：

「寬恕是經過對人的了解之後，脫去罪惡行為的外表，看別人的脆弱和無知本質，油然生起原諒之情。這時，自心的感覺也就改變，滿腔憤怒漸漸消除，即使在商場上看到他，也不會再掀起舊日的懷恨。於是，我有較好的心境去克服難題，當然好的機運也會眷顧我。這時，我的事業有了轉圜。」他接著說：

「抱緊過去別人對自己的不義，除了增加悲憤之外，什麼你也得不到。往事已矣，既然無從挽回，那就寬恕他。透過寬恕，我們才會堅強起來，才會癒合內心的創傷，重新開展自己的未來。」

我贊成在法律上，對惡人必須加以制裁。但是有太多時候，我們所受的創傷，並非法律能解決。這時，心裡的恨與惱，必須透過寬恕才能釋懷。如果，有人傷害了你，遲遲不能忘懷；有人欺侮了你，你把傷痛鎖在心底。這時，不妨改變你的想法，寬恕他。因為寬恕令你不再憤恨，胸襟敞開，能讓你更接近高層的精神世界，從而獲得新的力量和新生。

6 向神經質說再見

改變一下看法，不要埋怨叫苦，不要被生活中的小荊棘刺傷你的心，這才能保持樂觀和積極。

有很多人受神經質（neuroticism）的困擾，他們憂心忡忡，經常把問題看得過度嚴重，以致生活適應上有了困擾。心理學上稱它是一種人格的取向，情緒不穩定，適應發生困難。依我的觀察，有這種毛病的人不少。他們常常把神經繃得緊緊的，為一些瑣事小題大作；不放心，夜不成眠。他們把自己折騰得很苦，神情疲累。

有一位先生，在某大公司任職，工作繁重，應酬又多，承受的壓力很大，又擔心老闆對他有不好的印象，所以聲嘶力竭般催逼自己工作。有一天他真的病倒了，請假休息在家，卻耳聞老闆的不滿批評，他再度回去拚命工作，又過一段時間，他的神經質越來越嚴重，以致無法入睡，精神恍惚倦怠。

一位女士自從生產過後，把工作辭掉，專心當家庭主婦。幾年之後，孩子上國小，她在家裡無所事事，開始鑽牛角尖，懷疑先生有外遇。「我知道先生愛我，不會有外遇，可是我一直想著他會有外遇。」不安和焦慮盤踞她的心頭。雖然生活安逸，丈夫恩愛，孩子也乖巧，但她總是心神不寧，心裡疑懼，意氣消沉。多愁善感的她，給原本幸福的家庭帶來沉重的負擔。

神經質的人，不全是表現出焦慮或沮喪，有些人則表現得脾氣急躁，星星之火就會燎原。一般人以為是脾氣不好使然，事實上這也是一種神經質。神經質可能來自遺傳，也可能是不良生活適應所導致。神經質是可以調理的，只要你肯做點安排，避免恣任其放縱，就會得到良好的控制。因此，你要改變觀念，別以為你天生如此而氣餒，而應該營造好心境，知道養精蓄銳；碰到問題時，要懂得駕馭心情，避免陷入泥淖之中。

對於前述那位對先生疑神疑鬼的女士，我教她「分辨哪些事情值得動腦筋，哪些問題不重要，應該捨棄。」我要她用一張紙，列出一天該做和該傷腦筋的事，包括該做的家事，學習繪畫的作業，上超市買日用品，探望住院的一位朋友，包括先生出差晚歸導致不安等等。然後，把值得做的事挑出來，努力去做，不要理會你不該煩心的疑慮。

幾乎每一個星期，先生都會抽空陪她來晤談。我知道先生對她體貼，她也同意我的看法。但她總是情不自禁地陷入操心，而且擔憂的事情一個接一個，包括對孩子是否會感染腸病毒而過度操心等等，有時甚至情緒不好而與先生起衝突，造成惡性情緒循環。我告訴她說：

「妳已被不必要的衝突、滿腹牢騷、憎恨等等困住。妳責備先生忘了送妳生日禮物，對這件事很在意，但妳可曾想過自己也有錯嗎？妳何不主動提醒生日的事，這總比妳考驗先生是否關心妳，要來得積極有意義呀！」

「我從沒有這麼想過，我一向都認為先生忘了我的生日就是不關心我。其實，我也知道他忙，他是盡責的丈夫，但我總是想到我自己。」說到這裡，我提醒她：「妳覺得以後妳會為他想想，是嗎？」她以同情的眼光看著先生說：

「我相信主動地告訴先生我的需要，可以減少許多誤會。我應該把考驗改為爭取才對。」先生很欣慰地說：「我很樂意看到妳這麼做，事前說自己的需要，總比事後的指責和賭氣要好。」

神經質的人必須認清，睡眠、娛樂和運動是保持精神振作的要素。他們往往工作超時，結果不是過度勞神而影響睡眠，就是工作太晚而難以入睡。我要提醒的是；別糟蹋自己的健康，要適當的運動和娛樂，保持良好的精神力。

神經質的人絕大部分睡眠品質不好，也因此而影響情緒，而兩者交互影響，形成惡性循環。於是把精力消耗在心煩上。對一般人而言，輕而易舉的事，會把他弄得費力傷神。一些平常的小事，能令他疲累不堪。是誰在折磨他們呢？答案是很明顯的：自己在折磨自己。於是你會追問：「有什麼方法可以解套嗎？」答案當然是有。除了上述運動、娛樂和適當的積極工作之外，應該注意以下幾點：

- 學習保持心平氣和的技巧。
- 練習不著急的處世態度。
- 避免讓自己陷入猶豫不決。
- 別抱怨，生活本身就是苦，學會心甘情願就不會抱怨、敵意和憎恨。

人若能保持心平氣和，神經質就發作不起來。心平氣和源自你是否體諒別人，而不再一味責備別人。當你了解到別人的立場和角色時，就能原諒他，而不再跳腳或憤怒。神經質的父母很容易指責孩子的成績，很少主動幫助孩子克服困難。由於他不了解孩子有困難，所以會作情緒性的指責和憤怒。我常聽到父母急切地責備孩子：

「我對你這笨蛋已經絕望！你注定一輩子是窩囊廢！」

「我這窩囊廢是你們生出來的啊！」孩子憤怒地回答。或者孩子低聲飲泣，氣得發抖，而不敢發作。很明顯地，神經質的憤怒，很容易培養神經質的孩子。當兩代之間都有神經質時，這個家就有更多困擾和災難了。許許多多家庭悲劇是從這裡引爆的。

著急往往點燃神經質者的非理性行為。他越急，越表現出不安和焦慮。因此，要學習一件一件平心靜氣的辦事，先要把工作劃分成幾個步驟和階段，安排時間分別處理，就不致慌亂緊張。尤其要避免長期陷入猶豫不決的情境，對於神經質的人，這是一種嚴重的折磨。該做決定時就要抉擇，然後心甘情願去承擔。

最後我要指出：生活本來就是艱辛的，要認清這個前提，才懂得在苦中作樂，神經質的人往往把注意力擺在該如何才是快樂或美好，而現實的環境卻一直與自己作對。改變一下看法，不要埋怨叫苦，不要被生活中的小荊棘刺傷你的心，這才能保持樂觀和積極。

每個人多少都有些神經質，但是健康的人懂得調適，不但防範它危害自己，更積極的運用它，讓它成為生活的敏銳性。至於心理不健康的人，別任其坐大，傷害自己的幸福。就在這個節骨眼上，我們要懂得作正確的抉擇，才能跟神經質說再見。

7

與生命聊天

人只有純真才會與生命聊天，這種聊天自然、無憂，是生活中的憂悶所不能牽絆的。它是一種直覺的創意與生命的展現，超越得失，而對著生命報以微笑。

大部分的人只是把注意力放在身外的事，他們與功利對話，與得失成敗交談，很少內觀自己，與自己親切聊天，於是心識向外遊走，沒有看到自己原來就是珍貴人生的主題。我知道人不能忽略生活、工作和經濟生活，但如果缺乏對生命的體認，這些功利與物質的助緣，就失去它的價值。

人可能因為疏於體驗豐富的生命之美，而變得瘋狂起來，變得更嚴重的神經質，這是現代人最大的隱憂和災難；大家為了追求，一味的追逐和佔有，而生命卻變得疲憊、空虛和焦慮，一時一刻都安定不下來。所以，我看出與生命聊天的重要，聊天不像溝通那麼嚴肅，而是跟生命親切地交談，沒有芥蒂。

聊天總是在茶餘飯後，在工作之餘，信手拈來，有分享喜樂情趣，有互相依偎的心理支持，也有感情的交融。它沒有固定的話題，不嚴肅、不介意；沒有責備，也沒有心機和猜疑。聊天是很自然的，像行雲，似流水，無需認真，所以對生命是一種禮讚，更是生命智慧與光輝的流瀉。在忙碌中小憩，閒聊幾句，可以緩解疲勞，帶來人際的和諧和友愛，彼此更貼心。這就是生命的最真誠表露。適當的聊天，令我們歡喜交融，彼此互相啟發，從你來我往的交談中，我們享受到生命之美。

我喜歡適時佇足，與朋友閒聊幾句，這是一種美好的工作態度，它使同事感受到工作中也有輕鬆。偶然，若能激發笑聲，就像音樂一樣，能引起心靈的迴響。它流瀉著我們彼此合作、同心工作的心情。我也喜歡跟家人聊天，在餐桌上、在假日午後的閒暇裡，在及時來的聊天時候，我都不會放過。閒聊能舒展緊張心理中的皺紋，有時它引領我們進入生活的堂奧，得到更深的感受和啟發。

我們全家，每個人都很用功，晚間仍然要工作蠻長的一段時間，不過總會在固定時間，放鬆下來閒聊。起先是跟秀真交談，兒子們全聞聲而至，加入我們的行列。人手一杯茶，談到高興風趣時，杯中的茶水也會應著笑聲，微濺在地上構成美妙的潑畫。

漸漸地我發現閒聊這件事，無論是忙中偷閒，或者茶餘飯後，看起來是與人閒聊，實際上是與生命閒聊。它往往像是一扇門，推開它，我們就看到活潑美麗的世界。

後來，我發現我無時無刻都能緩轉心情，與生命聊天，有時與人閒聊，有時與綠樹青山閒聊；觸目遇緣，花鳥樹木，涼風明月，都能產生悠閒，而有著與萬物聊天之感。它令我更喜歡生活，更看出生命的真髓，而有彌足珍惜之感。

當我內省生命的意義，又與生命親切會心時，好像回到自己的家，不，不是這樣，而是我與自己溫馨地相處。這時，生活無論如何顛簸，面對的無論是何種衝擊，還是會跟自己閒聊起來，傳來許多笑聲和純真的智慧。這一點，我可以引一段巴納德醫生說的故事作思考的觸媒：

「就拿我當醫生的經驗來說，我看不出一個汗水濕透、在病床上打滾的病人，究竟有什麼高貴的地方。我也看不出寂寞的兒童，在深夜飲泣，有什麼高貴之處。但我的父親卻告訴我：『兒子！病痛與死亡也是天意，那是上天考驗你的一種方式，苦難使你高貴，使你變成一個更好的人。』然而，這個問題，一直到我親眼目睹活生生的一幕，才發現我對痛苦的一切疏忽了一點——一個對我充滿安慰的基本觀點。

「在開普敦兒童紀念醫院裡，有一天護士留下一輛早餐推車。兩個病童，一個充當駕駛，一個提供動力：駕駛是一位癌症病患，他的一隻手在齊肩的地方被鋸掉，絕少康復的希望；另一位盲童，是因為父母親爭吵時，母親擲油燈，卻撞上這孩子，釀成孩子嚴重的三級灼傷，雙目失明。臉孔變得猙獰可怖。

「盲童充當機械士，埋頭飛奔推車；獨臂孩子當駕駛，用腳摩擦地板控制方向。他們兩個人是絕配，而且表演精彩，從其他病人的笑聲和喝采助勢，就可以知道他們這場表演比大賽車更好玩，更令人開心。不過，閉幕最高潮是碗碟刀叉滿地。最後由護士們追上去，把他們罵一頓，送回病床。

「那位盲童在我巡房時，還津津樂道，邊說邊哈哈大笑：『醫生！你知道我們贏了。』至於那位癌症病童呢？他得意洋洋告訴我，賽車成功，唯一的毛病是推車輪子沒有好好上油，不過他是優秀駕駛員，而且對機械士有信心。

「我一直從錯誤的角度來看待苦難。人不會因為受苦而高人一等，但會因受過苦而成為更好的人。沒有經過黑暗，你不會欣賞光明；未遭受寒冷，你無法欣賞溫暖。這兩個孩子告訴我，你已失掉的東西並不重要，重要的是你仍舊還有的東西。」

人只有純真才會與生命聊天，這種聊天自然、無憂，是生活中的憂悶所不能牽絆的。它是一種直覺的創意與生命的展現，超越得失，而對著生命報以微笑，它是一種高貴的聊天。也正因如此，我也會及時與生命聊幾句，瑞伯颱風來襲前，我把握午後的空檔，冒著大雨上山欣賞傾瀉的大雨；雨綿密得像層層的珠簾，斜風、霧氣和打在傘上一粒粒晶瑩的雨滴，讓我對大自然的粗獷之美，有著很深的領會，在雨水中，好像塵盡光生一般的愉快和自在。沒有什麼牽掛，也沒有什麼顧忌，只覺得與一切眾生同在，也契會十方如來的清音。來自內心的領悟，難以用文字表達，非人間的語言所能傳述。

及時把握生命歡慶，我不是指庸俗的及時行樂，而是讓生命的活潑之美，及時流露出來，那像是一種閒聊，不為什麼，不追求什麼，只是用那素樸去體現生命的活躍和單純之美。

與生命聊天比與人聊天更能引人入勝，你可以在午後沏一壺茶，品茗之中與生命聊天。也可以在修剪陽台上幾盆小花中進入默然之定（禪修中的聖默然）。但無論如何，它非語言，更非情意，而那沒有嚴肅、也沒有介意的心情，卻與一般的美好聊天沒有什麼兩樣。

肆

想法決定心情與作為

你怎麼想就怎麼感受，正如前面所說，你怎麼感受就怎麼想。這本書不斷向你強調一個觀念：接觸的事物、注意的著眼點、心理的感受、思想的運作和你的心思五個因素，緊密地相互牽引，造成意識活動的複雜性。心理健康是良好互動的結果；喜怒哀樂的情緒，是它們演奏出來的旋律；前途、抉擇和未來都是它們互動的成績。

牽一髮動全局，想法改變時心情就改變；注意之點轉移時想法和情緒又不一樣，所以調整自己的心靈生活，可以從各個層面下手，這也是教育、輔導和諮商工作的重要原則和契機。

人怎麼想就會怎麼做，緊跟著而來的是感受和情緒，以及面對行為結果的心思。在諮商經驗中，我發現許多人的挫折容忍力很低，他們經不起挫折，於是經常換工作或逃學。他們的想法是：生活應該是快樂的，工作或讀書也一樣。有這樣的想法，一遇到困難就想逃開或躲避。這些年輕人不肯承擔，不願意受苦，於是群居終日，嬉戲混日子。他們缺乏付出代價再享受報酬的思考歷程，以致好逸惡勞，進而直接偷竊搶奪，做出作奸犯科的事。

想法正確，行動就正確。那些肯承受痛苦、承擔他應該付出的人，他們深信負責、勤奮是生活之道，而願意面對自己的生活，努力發展他們的能力，去實現其正當的抱負。這種想法，要在童年時養成習慣，否則養尊處優，不肯面對現實的想法，將會剝奪一個人努力向上的動力。

對於生計的想法，往往源自於童年。孩子從父母長輩身上學習，從媒體或社會文化中學習，但我相信最具影響力的還是父母的身教。許多家庭不帶著孩子做家事，一味呵護而疏於在生活中養成自動自發的習慣，耽於安逸的態度於焉養成。特別是在家裡打麻將和喝酒縱樂，孩子看不到負責和面對生計的良好示範，這類孩子長大之後，往往表現偏差行為，同時在情緒和心理健康上，產生一定程度的困難。

人的想法與情緒密不可分，想法消極，情緒低落；想法積極，自然產生樂觀的態度。許多人為一點芝麻小事爭吵，經常陷入憤怒的情緒，是因為想法打死結，看不開，心情沒有適當的通路，他經常要鬧情緒或發飆。

想法當然會影響人的創意，固執己見，阻抗新的觀念，缺乏彈性思考，都將阻礙創意的產生。有些想法會引起焦慮，於是所挑起的焦慮，正好壓抑了創意。再從不同的角度看，當你的想法能產生創意，解決生活的問題和壓力，則能帶來良好的情緒。於是思考與創意變成生活之中最重要的環節。

當我們陷入困境，愁眉苦臉時，解救我們的是想法，是一個新的創意，它能解決問題，解開心情上的煩悶。人因為改變想法，所以看到新的生活視野，領受到更多令人雀躍或賞心悅目的事。生活情緒是發現得來的，是創造活動的產物，而不是自然降臨到身邊的。於是創造力越好，生活的情趣俯首可拾；創造力越差，生活變得枯燥。所以我強調，人要懂得換個想法，就容易發現生活中的美和滿足。

一般人都很怕失敗，視失敗如瘟神，其實成功是接續許多失敗的教訓，累積更多經驗和啟發，才看出門道和方法，從而獲得的。所以要改變自己的想法，不要懼怕失敗，而要看清它給我們帶來什麼啟發。其實每一個失敗，都能帶來新的想法和啟示，我們能看清它，就不會陷自己於失敗的鬱卒之中。

大部分的人都很怕被批評，我們從小就被教成敵視批評，甚至對批評者有嚴重的情緒反應，這使自己不能領受別人的意見和指正。我們越是懼怕批評，防衛機制越是升高，自我封閉和逃避現實的傾向越分明。我知道許多生活適應的問題是從這裡引起的。

當然，並非所有的批評都具建設性，都能帶給人啟示。事實上，有些批評是錯誤的、攻訐的、惡意的，你要懂得釐清它，看出它的究裡，把它放開，不要為它煩心。

生活在自由開放的社會裡，誰都有發言的權利，不過你可以拒絕不合理的批評，至於如何拒絕才不致陷入情緒困擾或激烈的衝突，那就有待學習。許多人際的衝突，是由於處理批評不當引起的，也有更多情緒上的壓力，是來自不知如何拒絕批評所引起的，而做為一個教師或輔導諮商的工作者，必須對它有清楚的認識和指導的能力。

前面說過，想法和心情分不開，遇到自己心情不穩，有了情緒困擾時，請注意改變一下想法。人免不了遭遇大難題，這時心情和你的想法都要加以調整，否則很容易陷入自暴自棄的絕境。想法正確，能給自己在絕路中看出新機，在黑暗中露出曙光。

在實際工作經驗中，我會不斷提醒受難者兩個主題；其一是自問：「這樣沮喪或消沉對你有利嗎？」其二是不斷提醒他作心情急轉彎；改變想法；提防不確實的想像，拒絕誇張消極面，然後從現有的資糧中尋找新的希望。起先，他會覺得很困難，經過一段談話，突破思考的盲點，就能看出新的希望。

改變想法有很多的技巧可循：站在不同的角度看看，就有新的視野，從而有了新生和繼續奮鬥的勇氣。仔細檢點一下遭遇的現況，把失去的和現存的加以整理，就會發現手中並非空無一物，未來還大有可為。

我發現許多人之所以有陷入絕境的想法，是由於構成正確思想的基本資糧不夠；他們需要閱讀勵志的書；學習積極人生的經驗，培養良好的生活態度和信仰。因此，我建議他們每週來旁聽我講經。他們從佛經的積極思想和觀念中，得到新的思考指引，而開啟新的生活態度和活力。

1 怎麼想就怎麼活

心理不健康的人，是由於想法失當，或許失真或許錯誤。人格發展健全的人，他們的想法總是積極而切合實際。

人的生活表現，取決於自己的想法：想法正確，心情愉快，生活與工作的創意高，適應社會變遷的能力也強；想法不當，滿腦子不切實際的點子，不但沒有帶給自己一點成就感，連心情都會弄得焦慮不安，痛苦不堪。想法決定了人的生活品質，左右其工作與生涯，影響他的健康、人際關係和家庭幸福。當然，人的想法也影響對人生的看法、宗教的信仰和對生命的態度。

你怎麼想，就會怎麼做，緊跟著產生感受和情緒。想法有很多層面，如果想法不切實際，即使再好的想法，都會帶來錯誤的行動和不好的情緒與感受；如果想法錯誤或偏差，無論多縝密的思考，後果還是不堪設想。所以我常提醒大家：你的想法決定你的生活和人生。佛陀在《華嚴經》中說：「初發心菩薩，功德不可思議。」因為發了菩薩心，願以覺有情的正確想法來生活，他們注定會有成功的人生，所以功德不可思議。

人活著就是要工作，也要有休閒；要承擔責任，也要享受溫馨和喜樂。但一定要先付出代價，肯工作和承擔，然後才享受。有些人的想法是只顧享樂，要他承擔責任時，便存心逃避，好逸惡勞。這些人，一旦身邊所有的資材漸漸耗盡，年少時光蹉跎消逝，最後會變得落魄，一事無成。

有些人對於工作，心不甘情不願，不踏實認真，只會抱怨說風涼話，對別人的努力反而冷嘲熱諷。這樣的人很容易在講效率的機構裡被開革，或者坐於冷板凳。可是，他們執迷不悟，繼續抱怨受到不公待遇，或者發展成自命不凡的不合作主義。他們把心思放在抱怨、嫉妒和說閒話上，工作表現越來越差。他們的天賦完全被錯誤的想法給埋沒。

還有些人，自恃很高，瞧不起別人，聽不到真實的意見和建議；別人避之猶恐不及，人際關係差，像是住在孤島上的人。這些人或許才華出眾，但沒有人願意跟他一起工作；恃才傲物的結果，使他像一棵孤幹的樹，永遠不能茁壯成蔭。

人的痛苦與想法也息息相關。想法消極的人，容易退縮、憂鬱。他們會把芝麻般小事，看成天大的嚴重，會把小小的挫折擴大成危機重重和不安，以致把注意力投注在消極的面向，忽略了他應當重視的目標。而不幸的事總在這時發生，因為他把精力用在防堵，而不是放在拓展新局；他把心耗在煩惱，而不是放在生活和工作的提昇。

你想成功，就得把眼光放在自己的優點上，好好發展本領和能力。如果你把眼光放在缺點上，你注定沒什麼成就。除非那個缺陷對你十分重要，否則別浪費你的精力和煩惱去補拙，你寧可尋求別人合作和協助，來補充自己的不足。不過發展出你的優點和成功是一定要辦的事。

在《唯識論》裡，談到「遍行」這種心理現象：一個事件的發生，一旦經你接觸到，緊跟著會對它注意或反應，從而帶來感受、想法和情緒的一連串作用。人的想法改變，注意力就會轉移，行動、感受、情緒都跟著起變化。所以，對人生抱著積極樂觀的想法，行動就振作起來；對前途抱著無奈或得過且過的想法，生活就變得頹廢，心情當然也消沉。心理不健康的人，是由於想法失當，或許失真或許錯誤。人格發展健全的人，他們的想法總是積極而切合實際。

人如果想改變心情，就必須在想法或行動中作調整，而不是乾等著好心情上門來。如果想改變自己的想法，那麼請你採取行動，或先調整一下心情。你消極的時候，就應該採取行動，讀幾本能鼓勵自己的書；失業的時候，要保持行動，去試探求職，接受訓練，甚至先做義工——保持行動能力就能帶來振作和機緣。

心情與想法是分不開的。人很少被工作壓垮，不情願、滿腹牢騷、抱怨不停才是壓垮自己的因素；因為你的想法化作壞情緒和煩心來擊敗自己。我在研究心理壓力時發現，壞情緒不但是一種沉重的負擔，而且會減損或壓抑自我功能，降低解決問題的能力。因此，你心中想著的是地獄的事，必然會墮落到地獄；心中想著是天堂的事，畢竟要上天堂。什麼是天堂的事呢？我的看法是：

- 在生活與工作中實踐愛：愛延伸你的自我及於別人，「己立立人，己達達人」，愛能滋潤心地，廣結善緣，開拓視野，令你的心靈自由和成長。
- 生活要悲智雙運：人不能以智力和雄心取代感情；你可以雄心勃勃，但要注重性情的陶冶，千萬莫讓雄心變成貪婪的野心。理智和感情是不能分家的，它們是人生一體的兩面。

- 要寬大為懷：對待你的父母和家人一定要寬大，與朋友交往要寬容；肯諒、不計較、多忍讓，才會看到生活的真實和美好。
- 克服你的傷痛：人免不了有挫折和失敗，它令你痛苦；但痛苦是生命的基本現象，涉越痛苦是生命的意義，是人生的份內事。
- 要有正確的信仰：要堅定相信極樂世界或天國，它是我們未來的旅程；要相信祂的慈悲和度化的願力，積蓄善行和智慧的往生資糧。

我越是年齡增加，越清楚地看出極樂淨土之美和真實，並與我的心識相感應著。我深信：如果人的信、願、行都能具備極樂世界的德行，而表現在生活中，顯露著慈悲喜捨的心識，則雖然活在當下，但卻有如置身於淨土世界之中。我就是這麼想，這麼生活與工作。每天念佛時，都充滿了希望，並感受到如親見爹娘一般的溫馨、平安和喜悅。

2 創意的彈性思考

如果不懂得彈性、創意，而老用一套死規矩來套住自己，那就有想不完的事了。僵化和執著是障蔽創意的主要原因。

我們生活的世界，是變動不羈的，是無常的，所以需要智慧和創意來解決問題；嶄新的主意，讓我們有能力應變，接受新的挑戰，它的根源是彈性。另一方面，我們要把學得的知識養成工作習慣，建構成即刻可以反應於日常生活的系統能力，這樣才能節省精力，有更多時間創造，去克服新問題。

創意常被現有的知識或既成的意見所限，以致失去自由思考，得不到新的點子或靈感。奧奇（Roger Von Oech）是一位研究創意的心理學家，他發現兒童的創意，顯然要比成年人好。他說：「在我主持的研討會中，我曾以黑點示範給數以千計的成年人看，他們異口同聲地說：『一個黑點。』不過，到了幼稚園裡試驗，孩子們爭相舉手。有說：『一頂墨西哥帽子。』有說：『一個燒焦的漢堡。』

有說：『一隻壓扁的臭蟲。』孩子們因為無拘無束，所以創意力容易發揮。大人因為有很多定見和規範，所以創見很難脫穎而出。」

有一次，我和大三的同學討論怎麼啟發人的創造力。有的人說：「創造力是天生的。」，也有人說：「創造力是超越懼怕時，想像力所開的花朵，有時結果，有時沒有結出果子來。」另也有人說：「創造是用已知的線索，去尋找未知的答案。」我又把問題推到一個具體的情況上，「如果失戀了怎麼辦？」我問。有人說：「痛哭一場。」有人說：「他不愛我自有愛我的人，算不得什麼。」有人說：「真幸運，這才有機會找到理想的對象。」還有一個人說：「太難過了，跳樓算了。」這一班學生，對同一個問題，各有不同的看法。有的答案能有效克服困難，有的答案不但不能克服問題，還會衍生其他問題。

創意是解決生活中遭遇難題的指引。有人失業了，能東山再起，意氣風發；有人只是一點小事，也會把自己絆倒。我常被問道：

「你怎麼會有那麼多的主意，寫出偌多的文章？」

「對我來說，創意就像番薯籐，它從一個點延伸到另一個點，在每一個點上生出根，試著落地結個果。種下一株番薯，伸展幾條蔓藤出來，就能到處試著結果。也就是說，在生活周遭，你會發現它們彼此啟發，互相透露玄機，創意的點子就這樣生出來。」

我們常被一些定則綁住，認為一件事情只有一個正確的答案。所以，只要想到一個點子，就誤以為是唯一的解答。比如說，你在野地紮營，晚間天氣突然變冷，你想到的唯一方法是升火取暖，可是天太黑了，找不到可以升火的木頭怎麼辦？就有人會想出點子，「把塑膠袋剪三個洞，當背心穿。」

奧奇曾問：「失業了怎麼辦？」一般人的正確想法是：「再找一份工作。」實際上還有第二個答案：

「回到學校去學一門新的技藝。」或者第三個答案：

「創立自己的生意。」

因此，學校裡所強調的標準答案，只能用在一般條件和知識推理上，實際遇到現實問題，不應被「標準答案」的想法套牢。因此，你的想法必須做個改變。

其次，我們常被垂直思考的刻板印象所限，遵守一套既定的邏輯，便常駁斥這個不可能，那個不合邏輯。其實，我年輕時作過買賣，對市場的變化特別敏感，後來我從事行政工作期間，經常透過市場來看教育行政，推動多項輔導工作，對於新計畫的構思和推動，往往大有斬獲。美國一位建築師沙琳（Zero Saarinen），受聘替環球航空公司，在紐約市甘迺迪機場設計一棟建築。起先的設計模型他一直都不滿意，直到有一天，他吃完柚子，凝視柚子的空皮殼，才啟發出他設計半圓形的外型，建築物完成時，立即得到建築界的讚揚：「該建築物內部，是流線型曲線和圓形的完整結合。」

人腦產生類比推理的可能性很高，只要你不執著在一個框框或一個限定性邏輯裡，就能移動思考，讓一個眼前所接觸的對象，啟發你正在思考的事物。我們從小就受到告誡，「要講求實際」、「注意不要犯錯」等等，我相信在處理財務時要講求實際，在駕駛波音七四七飛機時你一點也不能犯錯，但當你要去嘗試解決一個新的問題，如果怕犯錯又講實際，那麼創意一定會夭折。

我們在生活之中，常常因為僵化的思考而產生衝突。有一對夫妻告訴我，他們經常採取創意來解決問題。在週休二日上午，太太說：「我上午要去探望一位朋友。」先生說：「我下午要跟生意往來的客戶一起打高爾夫球。」他們看看地板沒有擦，一堆衣服等著洗。兩人互看了一下，覺得對不上來，頗有南轅北轍之感，這時太太說：

「你上午在家洗衣服擦地板，我去看朋友；下午我來燙衣服，準備一個星期需要的食物，你去打高爾夫球。晚上，我們就有時間一起去看一場電影。」

這對夫妻的孩子已經長大，都在外地求學，開始過他們的空巢期生活，但都能互相配合，過得很愉快、有創意。他們說：「如果不懂得彈性、創意，而老用一套死規矩來套住自己，那就有想不完的事了。」

有時候，觀念稍稍一轉，父母對子女的態度就不會變得僵化粗暴。比如說：「小明！你得先把房間收拾好才可以出去！」正處於反叛期的小明，以不遜或冒犯的口吻說：「不！我要出去打球。」父母可能氣急敗壞地說：「你若不把房間整理好，就別想出去！」

親子之間這時就陷入僵局，而衝突有可能擴展到不可收拾。當時，若能作另類思考：「他不是在頂撞，不是衝著我而來，這只是獨立性增強的現象，以後就會緩和下來。」你就不會講出重話，孩子出去打完球之後，反而會反省，把房間整理乾淨。

僵化和執著是障蔽創意的主要原因。如果不幸地加上急躁的個性，那麼生活彈性就會減少，創意就更加受到壓抑。請記得改變一下想法，你不一定是一位創意天才，但保證可以想出許多好主意，增添你的樂趣，提昇生活品質。

3 生活的另一視野

不可以富裕而驕縱，不可因貧窮而自暴自棄，兩者都有機會，都能開展出生命的新機，重要的是看出它的另一視野，善用它的優勢，克服它的貧瘠。

每個人的生活處境不同，我們總是習慣性地將它歸納在順逆、得失、成敗的二分法之中，刻板地用艷羨的眼光去看繁華，用失意的心情去看平淡。於是失意和得意，就被截然分成兩邊，而心理上的掙扎和困擾，就在這樣的狹隘視野之中滋長，以致看不出生活的美和對心靈的啟示。

我常看到清寒家庭的青少年，在半工半讀中成長，學會許多生活經驗。他們踏實、勤奮、懂得人情世故，更重要的是他們上進的態度，正引導他們走向成功與光明。一位刻苦的大學生說：「家境不好，賜給了我努力打拚的意志。我看得出自己能在艱難中學到許多經驗，所以從不抱怨，也不自卑。貧窮是我成長的基點，看來它與富裕的處境，同樣對人有幫助，只不過是兩者提供了不同的機緣。

」我聽他的話，欣賞他的眼神和器宇，深深表示認同。

在我的諮商經驗中，曾經有一對夫妻，他們非常關心子女，家境也蠻富裕的。他們的理念是給孩子自由，讓他們依自己的意思行事，為自己的觀念辯解，孩子跟別人衝突，當然也就挺身為他們辯護。孩子無需做家事，無需特別注重待人接物，他們認為孩子不應該世故，那會壓抑創造力。孩子學了許多藝能，但都沒有認真練習，因為他們反對給孩子壓力。學校規定的作業太難、太八股，所以常常指正教師教學的不當。他們真的很關心孩子，抱著一種熱忱，以為這就是最好的教育。不過，這對夫婦養育出來的卻是一位只知有自己、率性不負責、而沒有快樂的少年。我知道他們是從自己狹隘的單向視野去看子女的教育所致。

我不是說富裕和熱心教育有什麼不對，更不是在讚美貧窮。我是提醒大家，好環境和不好的環境往往是相對的，有好就有脆弱的一面；面對貧瘠環境條件的植物，就發展出強韌的天性。不可以富裕而驕縱，不可因貧窮而自暴自棄，兩者都有機會，都能開展出生命的新機，重要的是看出它的另一視野，善用它的優勢，克服它的貧瘠。

富有的人有快樂、有享受，這是可以理解的；但是貧窮的人一樣有快樂，只是尋找快樂的向度不同罷了。富裕的學生可以常常上娛樂場所，歌唱舞詠，旅行郊遊，誰不喜歡呢？不過，你如果並不寬裕，而需要打工，要留一點時間來維持學業的水準，你就得減少選擇聲光之娛，多培養勤奮之樂。

我窮過，知道貧窮的家庭一樣可以有溫馨，只要你打開一扇窗就可以看到它的綺麗景緻。小的時候，老祖父帶著我們上山工作，要走兩個半鐘頭才能到工作場。一大早出門，摸黑才回家，吃的穿的都匱乏。不過祖父是有興致的人，他教我們怎麼弄點山產來打牙祭，怎麼聽出山雉何時下蛋，就可以有蒸蛋吃。野菜是順手拈來就有的，野菓雖不免酸澀，但也時有甜蜜的滋味。只要你去尋找，有許多美妙的事可以填補艱辛的日子。

在工作之餘，他會編些故事，都是激勵上進的小故事，挾雜著做人做事的道理，邊工作邊談天，一再重播，令你烙記在心。最有趣的事莫過於他所謂的「山樂」了。深山曠野，山谷傳來潺潺急流聲，從山崗往下望去，像蜿蜒的銀色彩筆。他總是在休息時說：

「聽聽看！深谷急流就是山樂，仰首看看、豎耳傾聽，老鷹的山歌！再聽聽草蟲、野鳥、急流、山谷的回音，它就是山歌山樂。」它確實很美，但我總覺得急流的回聲實在很單調。他卻告訴我：

「仔細聽，它就像節慶演野台戲一樣，節奏分明。」他不懂得什麼旋律曲調，只一味要我細聽，說是活生生的衷曲，是大自然在高歌，在演奏。

「沒有鼓聲，這山樂還是缺少點什麼。」我沒有像他老人家那麼陶醉，那麼凝神欣賞。他解釋道：

「要傾聽！把你的心跳聲聽進去，把喘息聲也聽進去，再把這山野的靜聲也聽進去。你看它有多好聽。」我試著去聽，也常常這樣聽，終令我忘記工作的辛苦，陶醉在山樂山歌之美。從那時起，我喜歡聽大自然的樂章，它不是人間音樂所能媲美。這些領受是城市的人領受不到的，是慣於世俗之樂的人沒有打開的另一扇視野。

現在我還是喜歡到山上散步，台北的近郊雖沒有宜蘭深山那麼壯麗峻峭，沒有急流回聲的山谷，但鳥聲、蟬聲、風聲、雨聲，著實令我著迷。我無需遠行、無需遊名山秀水，就能天天在清晨領受美好的山歌仙樂。我也能領會老祖父的心傳訣妙之處。後來讀到《楞嚴經》上說：

「初於聞中，入流亡所，所入既寂，動靜二相了然不生。如是漸增，聞所聞盡，盡聞不住，覺所覺空，空覺極圓，空所空滅。生滅既滅，寂滅現前。忽然超越世出世間，十方圓明，獲二殊勝；一者上合十方諸佛本妙覺心，與佛如來同一慈力；二者下合十方一切六道眾生，與諸眾生同一悲仰。」

這令我完全領略箇中滋味，它正是祖父所教的技巧，我多麼想把這心得告訴祖父，但他已回歸極樂。不過我知道這扇門是他為我打開的，令我領略到無窮的寶藏，這是不同境遇得來的。

現在，我隨時打開心靈生活的另一扇窗，去看處境，去看不同的遭遇。我也把它用在諮商工作上，協助當事人，從他們的處境中，看到新希望和啟示。我的領略是：窮不值得怕，怕的是沒有打開另一個視野，而看不出希望。打擊和苦難也不足畏，只要你拉開另一扇窗，就能從中領會到新的啟示和收穫。至於富裕與騰達呢？你也要看出它的光明，才不會陷入它的局限和泥淖。

4 看清挫敗的啟示

有些人一垮下去便一蹶不振，有些人則能東山再起，重振雄風。它們最大的差別在於能領略病根及其教訓。

我們習慣於在成功中歌功頌德，卻忽略在失敗中記取教訓。人皆期望成功，但卻忘了成功的經驗，完全奠基在失敗上；成功根本就是從失敗的礦土中提煉出來的，沒有失敗哪來成功。

每一位來找我諮商的人，都帶著失敗的倦態，但他們卻注定要在失敗的慘痛經驗中，尋找足以照亮自己的明燈。每一個考驗，都具有它的意義和價值，哪怕是生一場重病，也都有它的來由。重挫總是帶著新機來到你的生活世界。

每個人都失敗過，美國的華特•迪士尼（Walt Disney）是家喻戶曉的娛樂戲劇藝術大亨，他曾被開革過、失敗過，經營事業的初期曾破產過。亨利•福特（Henry Ford）是福特汽車公司的創辦人，在研發生產之初，同樣破產過。哪一個人沒有失敗過呢？我相信只有平庸的人才沒有失敗的經驗。

成功與失敗分屬於兩個不同性格的人。能再接再厲、東山再起的人，那是成功者的性格。脆弱而經不起打擊的人，縱有良好家世淵源，也是扶不起的阿斗。所以，每一位帶著失敗的痛苦神情來跟我面談的人，我都會協助他尋找新的思考路徑，但他必須學習改變觀念，認識到失敗和痛苦不是一件壞事，它將為他帶來新的希望和未來。

有一位被病痛折磨得很辛苦的中年人，一直責怪自己身體不好，才導致事業不順利。他憎恨自己體弱多病，甚至絕望而自暴自棄。他每天待在家裡，把工作丟給妻子掌管，自己成了一位專職的病人；好像他的人生就是為了生病，除此之外看不出什麼希望。於是他成為職場上的殘兵敗將，來晤談時，他說：

「我是一個失敗者，身體孱弱令我無法振作，我絕望、沮喪和虛弱。」

「你看過醫生嗎？他給你些什麼建議？」我知道像他這麼沮喪的人，醫生必然會建議他調整生活和工作習慣。

「看過，除了開藥之外，他要我改變生活方式，要多運動，要保持情緒的愉悅，創造一點生活的興致和情趣。這簡直鬼扯蛋！像我這樣的人，連工作的意願都提不起勁，怎麼可能去搞什麼運動，改變什麼生活方式！」我知道他已經自甘墮落，浸陷在令人麻痺的失敗漩渦之中。我說：

「你知道生病對你的意義嗎？」我試著引導他改變想法。

「我不知道，它毫無意義，而且是破壞幸福的惡魔。」

「不，你要弄清楚，在這時候，你似乎需要這個病或生活中的失敗，來提醒你作某些改變，醫生的話是沒有錯的。如果你沒有看清楚自己的需要，對自己的需要作回應，對現在的困境作個補充或調適，你可能會有更大的難題。所以你要覺察它，它在你的心理、生活、工作上隱藏著重要訊息。你一直沒有去處理它，才導致持續的生病。你想想它是在提醒你些什麼？病是來提示你某些信息的。」

「你是說，我的病痛和今天的落寞遭遇，是在提醒我走向一個嶄新的方向和改弦易轍的訊息？」我告訴他：「這是確切的事，任何痛苦、疾病和失敗，不能以抱怨來看它，不能以敵意來對待它。它是自然派來的使者，要來告訴你走向成功之路的領航員。」

於是我引用美國名醫希格爾教授的經驗之談：如果你太煩心於工作，生活中有太多壓力或焦慮，以致身心俱疲，你會生病。你要了解現況，設法改變它。要將疾病視為必須重新調整生活的信息，而關鍵在於拋開消極思想的情緒。注意！心情不好，積壓過多忿怒和焦慮的人，無異在貶抑自己的免疫力，當然也障礙了生活的創意。我接著說：

「來吧！我們一起來尋找，究竟累積什麼消極性的因素使你陷入疾病，掉進沮喪衰弱的死胡同？」我幫助他逐項檢討，找出不下十項生活和工作的不利因素。他承認這些因素對他構成打擊，它們是在自己明知故犯和縱容的心態下培養出來的，例如晚睡、飲食無常、酗酒、消極的情緒、忿怒等等。他承認這些因素使自己生病。

這些導致挫敗的因素，經過一段時間的學習和調整，逐步克服，病情漸漸有了好轉。這樣的過程，卻令他得到一些新的啟示，半年後，他對我說：

「我認為在事業上也一樣有病，我在不經意中埋下許多致命的因素。現在我做了一些檢討，發現許多需要改進的盲點。你說得對：失敗往往是一帖良藥，是成功之路的信息。」他回去工作，再度負起經營的責任。在最後幾次的晤談中，他說：「我知道有些人一垮下去便一蹶不振，有些人則能東山再起，重振雄風。它們最大的差別在於能領略病根及其教訓。謝謝你給我的協助。」

我很高興他從自身的疾病中，領悟到負責和成長的觀念。誠如他所說，如果沒有這場病，就不會得到寶貴的啟示。如果沒有學會領悟失敗的技巧，自己也就不能重整旗鼓再度出發。我問他：

「你得到什麼寶貴的啟示，能用在你的工作上呢？」我們邊討論、邊歸納，得出了以下幾個重點：

- 要看準一個能引起自己振作的目標，努力以赴；萬不可因一時的失敗，喪失振作的勇氣。
- 不要老想著避免失敗，要振作起來嘗試改進；不肯走向荊棘一步，就不可能向前拓荒。
- 要能屈能伸，不能因為一時失意而失去自尊；必須把握線索，拉起機頭重飛，重飛就是要達到正確的目的地。

- 不要為失敗傷心，錯誤的結果若只產生傷心和懊惱，必是最壞的答案；如果把它當教訓，就能唾棄絕望產生希望。
- 不要太在意自己，那會使自己背負著愧疚情緒，而不敢採取重振的行動；太在意自己的人，容易產生消極的思想和負面情緒，而陷於一蹶不振。

我們從克服疾病談起，半年之後卻談到如何為自己的事業振衰起弊。他說：「如果沒有生病和失意，就不會去調整自己的生活和思想；如果不是觀念改變，就不會再投入事業令自己重振。失敗是可以給人帶來新機，逆境往往能砥礪人奮發向上。」我接著說：「問題的關鍵就在於怎麼看待失敗，肯用心從中尋找它的信息的人，就能避免錯誤，得到新的創意。」然後，他補充一句說：「現在所相信的正是促動我走向康莊之路。」

5

慧眼看批評

不要把別人的善意批評，想像成對自己的人身攻擊；切忌把別人的意見，誤會為給自己難堪。善意的批評是不能免的，它是我們增廣見識必須付出的代價。

一般人都很怕批評，以為批評就是對自己不利，或有礙於聲譽，而一心一意想要規避它、制止它。批評所以不受歡迎，是由於受批評者會感受到自己不如人，那是自尊心作祟，或者存有某些程度的自卑或自傲。然而，自卑和自傲兩者都同出於自我中心，在潛意識裡都有害怕受傷的自卑感。

怕受批評就會弄得一籌莫展。你想做什麼事，都會有人批評，如果受批評而鬧情緒，挫折感大，你就會幹不下去。如果想做到沒有人批評，那就是鞠躬盡瘁也辦不到。所以，你要對批評有所認識，改變一下觀念來看它，反而能帶來新的啟示和助力。

請不要懷著敵意來看批評，因為忠言逆耳，你要仔細聆聽，了解是否具有建設性的意見。它能讓你變得足智多謀，沉穩成熟。若懂得冷靜聆聽批評，既能保持情面，又對人際關係具有積極的效益。固然有些批評是尖酸刻薄的，你要淡化處理，這樣才有機會聽到熱心人給你的忠言和卓見。因此，受批評時，首先就是聆聽，斷定批評是否有道理；不要打斷或反唇相譏，不必強辯也無需表示同意。你必須專心地聽他講的是什麼。

其次，你要確定對方該不該批評你。如果對方批評你相關業務考慮不周到，那是可以置喙的範圍；如果他批評你服裝顏色、為什麼要留鬍鬚，那就超出他批評的範圍，你可以幽默的方式轉移話題，或者客氣的告訴對方：「那是個人品味的問題，儘可一笑置之。」不過，如果你的個人品味連續受到別人的批評，就該注意留心，考慮它的原因在哪裡，有沒有必要作些調整。這類事件，你不必太在意。例如中國人剛穿洋裝時，會受人批評，剛流行自由戀愛時，亦遭人非議；只要錯不在你，不影響別人權益，你就可以放心。

有些批評是有道理的，當時接受別人的指正也沒有困難，你要落落大方接受它。「你的建議很寶貴，我願意接受你的指教，納入方案來考慮。」如果你一時不能接受，對方所講的也有道理，你應該採取拖延的方式，「你的看法也有道理，值得深入探討，找個時間我來向你請教。」這能支持對方，又能降低對方過強的氣焰，使你有機會得到別人真正的指教。

倘若你不同意別人的批評，例如對方的立場站不住，要避免得理不饒人的態度，而抓住機會批判他一頓；那會造成負面的氣氛，留下人際衝突的棘手問題。你不妨說：「我明白你的想法，但很抱歉，我的想法和你的不一樣。」如果對方要你提出說明，你宜作簡要說明，或者婉轉表示你立場的不同。

受到批評時，要控制情緒；不要把別人的善意批評，想像成對自己的人身攻擊；切忌把別人的意見，誤會為給自己難堪。我們要認清，善意的批評是不能免的，它是我們增廣見識必須付出的代價。

心理學家葛伯（Richard F. Graber）指出：「對於批評，十有八九的人認為它是可怕的，有破壞性的。也許只有少數人才會見到批評的建設性，認為它能讓自己周延老練。但你要注意受批評時保持冷靜，並注意到自己與別人保持適當的互動，讓彼此不致造成難堪。」

我們不但要知道如何應付批評，為了保護自己、維持家庭、事業、婚姻、子女的發展，有時要勇於擔當一位批評者。批評時請注意：

- 批評要對事不對人。
- 在私下提出較好。
- 要選擇適當時間，當對方心情不悅時要避免批評。
- 了解自己批評的動機，是出於善意，或維護正當權益，並讓對方了解你的感受。
- 批評要簡要，避免冗長。
- 批評之後也要有建設性的誇獎。

做為主管是可以批評部屬的，但要表達得恰到好處，「這項業務耽擱到今天才處理，會對公司造成影響；以後不能再有類似的情況發生。」批評要私下進行，要言簡意賅，對事不對人，這會收到較好的效果。有些人模仿政治人物，在公眾場合作批評，往往造成反效果。政治人物公開批評施政，是針對公共政策和事務，出於它的必要性，一般人要避免公開批評，特別是對於同事、子女或朋友。

我也相信父母親對子女作必要的批評，對孩子正當行為的養成確有助益。「孩子！今天我們去作客，你的言行態度都很好，不過吃東西忽略了餐桌禮貌，夾菜時挑來挑去，當時我覺得很不雅，請改進。」或者「孩子！在公共場所過度喧嘩，影響別人安寧，我覺得很不好意思。」

沒有批評就等於沒有回饋，這對於婚姻是不利的。你必要時還是要批評，「如果你必須晚些回家，就請打電話告訴我；孩子和我等你開飯的滋味不好受，擔心你有什麼意外事故更不好受。如果你打電話回來，我們就會安心。」或者「我不希望你下班之後還在外留連忘返，孩子和我都在等你回來，你經常如此，令我們不安。」等他有改變時，要及時予以讚美。

批評不是一件壞事情。無論你被批評或批評人，只要懂得掌握基本技巧，就能收到好的效果。不妨用新的觀點來看批評，學習使用，讓它成為建設性的工具，促進人際的成長。

6 想法帶動心情急轉彎

在發生挫折和困難時，大多數的人有誇張消極面的傾向，所以務必要把事情真相澄清才行。

人生免不了碰上波折，例如生一場大病、失戀、婚姻出問題、受他人惡意攻訐、失業等等，都會產生壞心情，引起情緒失衡。這些挫折形成的巨大壓力往往使人失控，甚至精神崩潰。所以生活在變化無常的現代社會裡，要有些心理急救的認識，否則萬一碰上心情急轉直下時，會造成失控，甚至毀掉健康和前途。

多年前一個年輕人因意外而嚴重受傷，可能終身不良於行。於是治療期間心情陷入沮喪，對於未來的前途憂慮，精神生活頓時陷入危機。根據研究，大概有百分之六、七十的人，在生病時會發生情緒問題；這位年輕人當然是情緒嚴重惡化者之一，因為他的創傷嚴重，對未來的憂慮是難免的。他在第一次晤談時說：「我知道一切都完了，你看一個行動不便的人會有什麼前途？」他似乎在說服我同意他的厄運和絕望。他皺著眉頭說了幾句沮喪洩氣的話，言談中透露著自暴自棄的絕望。我了解他痛苦的心情，引導他說出自己面對的現實。我問他：

「你煩惱的是什麼？」

「我不能接受我這個模樣——殘障、不方便、別人以異樣眼光看我。你知道，這樣的遭遇我不能接受。上蒼未免太不公平。」

「『受不了』和『上蒼對你不公平』是很含糊的概念。你能否具體一點說說令你所煩惱的事，也就是面對你必須設法解決的問題。」於是他列舉一些問題，例如就業的困難、經濟生活困擾、在社會上抬不頭來、可能被瞧不起、行動不方便等等。

我說：「你憂慮的事情，是必然會發生呢？或只是可能會發生呢？」於是，我幫助他分別檢討列出哪些是必然發生？哪些發生率高？哪些發生率低？結果發現必然發生的問題不多，因為每一個問題，經過討論之後，都可以找到替代性做法，只要肯去行動，就能克服困難。接著我又問：

「你剛剛很煩心的事，例如『別人會瞧不起自己』這問題，現在覺得它是很嚴重的問題嗎？」

「如果我能發展自己的專業，就不會被瞧不起。」

「所以你應該換個想法，去跟你的擔憂抗衡；而對抗擔憂和絕望的方法就是行動——去學習、去工作、去面對問題。你要預防被自艾自憐的心情所困。還有，怨恨和憤怒只會令你陷入痛苦的煉獄，不會拯救你現在的處境。你如果不想讓自己繼續沮喪下去，就經常捫心自問：『我這樣消沉下去對自己有利嗎？』這句話能呼喚你的潛能和生命活力。」

「我陷入壞心情時怎麼辦？」

「心情急轉彎。改變你的想法，要提防不確實、不具體或悲情的想像襲擊你的思考。要用具體、切實和希望的思考，而不是讓厭倦與消沉把你給綁架。」

「我悲觀的情緒如何處理？」

「你會問這個問題是很可喜的事，表示至少你已決定要去對抗悲觀和無奈，這就是新的轉機。佛經上說『萬法唯識』，你想得對，就會做得對，要重視你光明的思想，不要依賴你的感受。感覺往往扭曲我們的判斷，使我們振作不起來。

記得！用你手上所擁有的去生活，去完成你的人生。」

「可是我還是覺得很委屈，自己跟別人比起來覺得很沒有價值，別人挺俊快樂，我卻淪為殘障。」

「你又陷入感覺式的判斷，就是它帶來困擾的。你就是你，不是別人，要根據自己的現實來生活，要用你手中的彩料去塗繪出絢爛的圖畫；你有你的個別性、特殊性，要用愛來看它，來實現它，來演好這齣戲上的角色。」

「這樣有什麼意義，這就是人生？」

「上蒼正看著你怎麼演這個要角，它是很難演的，你身為主角，就得好好演這悲劇英雄，演好劇中的苦旦。請記得，戲終人散時，一個演者——你自己，將會得到上蒼給你的讚賞和首肯。這是宗教精神世界的終極意義。」

對於一個受過重創的人，很容易產生失落感。最主要的原因是，他驟然失去原有的一些仗恃，而感到絕望和沮喪。這時，最重要的事是用理性來看生活，來檢討自己面對的憂慮是否真實；同時要改變想法，看出新的替代方案、新的現實和希望。

多年來，我一直注意人必須有彈性。彈性表示能作調適，有創意去處理生活中的困境。彈性的反面就是執著，而抗衡執著的方法是：

- 跟有彈性思考的人談談，改變想法，不要陷入無止境的憂心胡同裡。換個想法的目的有二，其一是讓自己脫離鑽牛角尖的困境，其二是看出新的道理和希望。
- 避免誇張消極面，抗拒自怨自艾的心情，問問自己所發生的事真的有那麼嚴重嗎？澄清的結果，總會比你原先的感覺要好得很多。注意！在發生挫折和困難時，大多數的人有誇張消極面的傾向，所以務必要把事情真相澄清才行。
- 找出該怎麼辦的答案，努力去做；努力工作和學習可以令人忘懷悲觀，產生新的信心和動力。

人無論碰到什麼不如意的事，都有可能陷入情緒問題的危險，嚴重的話可能導致生活失控、精神崩潰。即使是一場疾病、工作上的壓力和困擾，都有可能發生精神上的危機。尤其是高度競爭和忙碌的現代社會，精神生活的問題更需懂得調適，能在遭受壓力時保持平衡。

當然，我們可以靠專家指導度過困境，但恢復精神健康主要還是要靠自己，我所謂的心情急轉彎的簡易自救之道，即是緩解情緒惡化的基本技巧。

7

心思轉圜的關鍵

誰把握住心情轉圜的關鍵，誰就能從中一窺困難之中埋藏著珍寶；誰領略這項精神生活的理則，誰就能看出順逆的意義。

生活在自由開放的社會，慾望多，引誘也多；競爭強烈，焦慮緊張更在所難免。人是有血有肉的，免不了情緒低潮，很難自外於生活中的挫折、沮喪和失望。我知道長期情緒低落會帶給人更多困擾，甚而陷入絕望。

人活著一天，就得珍惜自己的生命，就得經營修持，把生活安排得適切，讓心靈保持平衡。無論自己碰到什麼不如意的事，都得設法調適，懂得給自己留個轉圜，它就是生活的神機智慧。

改變一下想法，轉動一下自己的立場，換個角度看看問題，你就會有新的視野，有別開生機的空間。天無絕人之路，人會走入死胡同是不知道變通的結果。所以古人說「窮則變，變則通」，心靈生活何嘗不一樣呢？人很容易執著在自己的想法和感受之中，以為要扭轉自己的命運是困難的。其實，只要你換個態度，用不同的觀點，運用佛法上所謂的覺觀，就有新的舒坦心境。

有一位中年人，他陷入許多不如意的困境之中。他遭遇的是婚姻失和，事業不順利，孩子又不聽話。為了工作他憂心如焚，處理孩子犯錯，一會兒上警局、一會兒上法院，疲於奔命。我耐心地聆聽，知道他的痛苦和絕望。他問我：「老師，請指導我，該怎麼度過現在的難關！」

我帶著他思考，檢查其實際遭遇，慢慢釐清問題的主軸和關鍵，把它寫在紙上。請他仔細看清楚，困難並非一無止境，而是心情不好時，才會陷入悲觀的思考，看起來像是一無是處。他在面談中慢慢認識到心理生活的洪水氾濫現象。於是我問他：

「你的處境真如你所說的那麼絕望嗎？你的孩子固然在接受保護管束，但他正在學習改過遷善之中。你的工作不順利，從老闆變成為伙計，這也不是走投無路啊？至於你們伉儷的人際溝通問題，目前正在作家庭諮商，已經開始學習改善之道。請告訴我，你所謂的絕望是真實的呢？抑或你心情煩躁、不安所衍生的想法呢？」

他看著我，似乎努力在檢審自己的處境。「你的處境真的有那麼壞嗎？」我又補上一句。他說：

「老實說，沒那麼壞，沒有到絕境，甚至連一半嚴重都沒有。不過，我的心情是絕望的。」

「那好，真正的處境沒那麼壞，你該放心，因為你的遭遇不是絕境，而是幾個挑戰。你要勇於面對它，耐下性子去解決它，而不是一味抱持絕望和沮喪。」

我們開始面對壞心情的折磨，他回憶到自己擺不開從壞的一面去看問題，然後像自導自演的一齣悲劇，陷入困境。「你認為怎樣才能中止那種劇本繼續演下去呢？」我問他。他想了想說：「想想別的，做點別的事。在忙於工作時就不會想它，一回家又陷入悲觀的心情之中。」

我告訴他，一回到家就開始協助做家事，讓自己忙起來。晚上，則看些偉人傳記，我提醒他，看偉人傳記是要學習怎麼克服困難，怎麼鼓舞自己，怎麼建立人生的目標，讓自己振作，發揮積極的生活態度。讀傳記不是要讓自己像書中人一樣，而是透過他的精神啟發，幫助自己甦醒過來，找到自己的任務、目標和價值。當人們找到安身立命的價值和信仰時，就會強壯起來，不再悲觀。

「讀偉人傳記，就能使自己振作嗎？以前我讀過，並沒有什麼作用。」我解釋說：「要天天讀它，它能給你熱忱、積極的態度。每天讀幾頁能振奮人心的傳記或文章，就能產生好的心情，你願意每天讀半個鐘頭的這類好書嗎？」

他答應了。他讓自己在家裡也忙起來，早晚都會讀二十到三十分鐘的書。我很高興他真的做到了，因此從第二週開始，我們努力建立幾個重要的生活規範：

- 在心情不好的期間，避免在工作和生活環境上作太大的變動，以免增加新的壓力，擴大焦慮和不安的嚴重性。
- 面對問題，設法逐一解決。面對問題時，必須認清它，蒐集足夠的資料，掌握充分的資料，有利於針對問題作回應，更能防止盲目猜想，造成心情的惡化。
- 利用壓力，借力使力，讓自己覺得面對問題是一件有意義、有價值的事；

透過克服困難，學會生活適應的能力。

- 建立信仰，透過高級宗教的信仰，在信賴真理、與同修教友的互動支持之中，能分享到自在與祥和的心境和容光煥發的精神。

為什麼在心情不好的情況下，要避免在工作和生活上做太大幅度的更動呢？心理學上的研究告訴我們，你新換了工作、搬了新家，很容易煩惱新的角色，適應新環境更需要一些調適，這種大變動會增加新的壓力，使人身心俱疲。除此之外，在心情不好時，急於作過大的改變，會有病急亂投醫的現象，因此，陷入心情苦惱的人，要慎重行事。當然。我的意思不是說不能作重大的生活變動，而是說要有充分的心理準備才行。

其次是面對問題時，要充分蒐集資料。我發現充分的認識問題，有助於安定心理。依我的觀察，不知道或不確定問題的實際狀況，往往會使消極思想習慣的人，作更負面的猜測，造成嚴重的壓力和情緒症狀。這位父親在完全了解保護管束的意義，知道孩子將由一位有經驗的觀護人來協助改過遷善時，他的防衛性降低，不再那般焦慮絕望，而且願意與觀護人合作。任何人在面對問題時，務須把事件弄清楚，查清必要的資料，包括它的影響、後果、如何處理、有何法律責任等等。當我們把這些釐清時，心裡也就安定下來，冷靜去面對它。

對於借力使力、運用壓力來促進成長與學習方面，我發現一個原先很焦慮的學生，在晤談中領略到：「我父母事業失敗，不能充分接濟生活費；啊！我的命運注定要走過這個艱苦的歲月，去學習更多經驗，我不得不努力在工讀中求學，等我走過這段困苦，我將變得更堅毅。老師！我知道你所謂的『來日回首前塵，將是一片光明的紀錄，而不是黑暗』。」他開始有勇氣去面對困難，有愛心去體諒父母，願意去面對不幸的遭遇。

至於宗教信仰方面，我要說明的是高級宗教，而非迷信求明牌的宗教。在我看來，迷信於求神問卜，只能求得一時的依賴和解脫，但它會帶來精神生活倒退的後遺症。有時，我觀察那些賄賂神祇、拜樹頭求奇蹟的人，多少帶著精神症狀的痕跡。

高級宗教是精神生活的開展，它讓我們與光明的力量產生互動，得到啟發和心靈生活的平衡。尤其是宗教的情操，能給人一種和平和喜悅之感。我很欣賞愛因斯坦的看法。有一次，他答覆一位國小六年級學生的詢問：「科學家是否也有祈禱和信仰？」他的回答是：

「科學研究有一基本觀念，一切發生的事都由自然法則決定，人類行為當然也包括在內。因此，作研究的科學家，不相信祈禱有什麼作用；也就是說，對神表示願望是沒有用的。

「不過，必須承認，我們對那些法則的認識並不完備，只是一知半解，所以相信有包羅萬象的基本自然法則存在，也還是靠一種信仰。信仰由於科學研究的成功，證實了大致不誣。但在另一方面，每一認真作科學研究的人都確信，在宇宙法則中，有一股精神力量遠在人力之上，面對這力量，我們不自感卑微。」

我深信那股遠超於人之上的精神力量，我們越接近它，就越清醒，越能發展出崇高的精神生活和心靈現象。我們因為內省、謙卑和醒悟，發展出生命的愛和包容，也更知道清醒地面對一個接著一個的挑戰，而每一個挑戰所產生的都應該是一次成果，一次接近高層次精神的努力。我們不應該那般排斥困難和挑戰，而是在苦中去作樂，追求成長才對。

誰把握住心情轉圜的關鍵，誰就能從中一窺困難之中埋藏著珍寶；誰領略這項精神生活的理則，誰就能看出順逆的意義，因為它們都是一種生活的興料，給我們成長的動力。

伍

心思反映你的人生

【伍・心思反映你的人生】

平常生活所接觸、作意、感受和思想的內容，漸漸累積結合成心思，形成一種反應習慣，或適應環境的基本態度或觀念，那就是唯識論所謂的「思」。它是人格的一部分，成為個人的固定性特質，無論他到哪裡，碰到什麼事，都有著相同的習慣性反應。

性格焦慮的人，無論到哪裡都會覺得不安。防衛性高的人，處處免不了用敵意的眼光來看事情；習於安樂的人，免不了貪圖享受。在所謂的八識心田中，不斷反應出自己的想法、行動、情緒、感情和興趣，而構成一個人的人生。

每個人都希望自己有個美好的人生，不過它大部分置根於自己的心思之上。心思包括了思想、見地、看法、價值和態度，是左右生涯和命運的舵手，直接影響人的生活。因此要想創造美好的未來，就得先為這塊心田奠定好的基礎。

心思大抵由兩方面構成，其一是遺傳和「歷劫」以來積習的業識，其二是成長過程中學習得來的種種經驗和知識。它們構成相當結構性的意識體，有些是我們能意識得到的，有些則潛藏在潛意識中俟機而動。

我知道要改變人的性格，殊非容易，但是如你不留意它的運作，任憑它的擺佈，就很容易失控，因為從心思中浮現出來的意識，有些是建設性的，是理性的；也有些是邪惡的，是非理性的意識。於是人需要一套經營之道，要有管理的方法，這才能對觸、作意、受、想等四個層面，產生正面的互動，否則就會陷於墮落和不幸。

我認為健全的心靈生活，必先學習幾個重要的功能，那就是：

(1)工具：生活所必須的能力和正確規範。
(2)慈悲：對生活的熱愛和奉獻的精神。
(3)真實：不讓自己陷於虛妄與迷失。
(4)簡樸：單純素樸，它令我們的心力得到發揮。

如果在自己的意識田裡，種的不是這些，而是紛煩糾葛的想法，那麼生活的幸福和精神生活就受到阻礙。

在實務經驗中，我發現單純素樸的生活態度，是維持精神成長和智慧開展的前提。人必須學習以簡馭繁，並透過單純的態度，使精神集中，培養其毅力和信心。生活態度越單純，思考也就越趨縝密。反之，態度越是複雜，思考也越沒有條理。人的幸福來自單純與素樸，因為它是知足常樂的根源。另一方面，也因為單純素樸的態度，使人容易體會到生活中的歡喜，並與精神的本體世界產生高層的互動和感應。

消極思想是現代人精神生活的瘟疫。人越是對精神生活抱著消極態度，越需要透過物質的享受來填補；越是陷入消極悲觀的情緒，就有越多的偏差行為和心理症狀。如果我們不願意用積極的眼光來正視生命的美好，而傾向於追求過多的聲光之娛，主動自然的喜樂消失，被動的娛樂增加，生命將是一場沮喪。於是，阻止消極的生活態度，應是現代教育和心理諮商工作的重心。

消極的心思有其運作的謬誤，我們必須克服這些謬誤，才能恢復心理的平衡和樂觀，這在「莫讓消極思想綁架」一節中有著詳細陳述。不過我要提醒讀者，所謂消極不只是想法錯誤，同時也是「心向」的錯誤。因為消極者有著自我傷害的傾向，若沒有培養愛與生命的熱情，是很難引發生命的積極光輝。

此外，心理生活最可怕的是失真，如果你很容易受感動和激情的影響，那麼對事情的看法就容易失真。我特別指出要「提防你的心理弱點」，避免扭曲真實，造成錯誤和迷失。尤其生活在複雜的現代社會，當心外來的欺矇，要認清他人利用心理弱點的伎倆，讓你墜入迷失和錯誤的陷阱。

生命是一個不斷接受挑戰的歷程，創傷是難免的。特別是心理創傷，很容易殘留在心思之中，成為久久不能釋懷的心結，而影響生活。於是如何改變創傷所引發的負面態度，就成為諮商的重點。而引導的技巧，就像領航員一樣，要作些必要的指導，而非等著當事人自行摸索。這在〈改變態度可療傷〉中，作了詳細的說明。

世事是無常的，沒有永恆不變的環境，無論在物質上、經濟生活上、文化和社會生活上，必是變遷快速。因此，當你的生活面臨變動時，會產生不安、阻抗和憂慮。這時要記得做些調適，才能改變自己的心思。它的重點是主動去做幾件能引起精神振作的事。別為了失敗和損失，持續停留在自怨自艾之中，要再度啟動自己的心力，去迎接新的變化。那些受到離婚創傷的人、事業上面臨挫敗的人、身心受到疾病摧殘的人，都需要改變一些想法和作法，才能消弭愁苦的心思，重新振作起來。

在人的心思裡，儲存著許多過去的經驗，有些是痛苦的，有些是喜樂的；有些是清醒的思考，也有一些是憤怒的、激情的，它都存放在腦子裡，變成你檔案的一部分。你調出來的是明智的檔案，用它來回應生活，得到成功的可能性就高。反之，你用了激情，那就會造成困擾。

我們很容易陷入心思失衡裡，你對一件事情的看法，如果看不出它的價值和意義，就不容易超越挫折和痛苦，就找不出生活的希望。為了能看出生命的希望，讓自己不再徬徨無依，我認為高級宗教，確有助於心靈生活的出路，它能不斷給予新的啟示和領悟。這部分已涉及宗教與諮商的結合，在我的輔導經驗中，不少人因為接觸了宗教，而得到全新的生活啟示，並發現了生命的價值與意義。

最後，我要指陳一件心靈生活的真理：能參透人生的目標和意義，就能克服生命中坎坷的遭遇。我認為它存在於高級宗教啟示之中，而不是物欲的追尋和佔有。

1 簡樸生活的動力

誰能保持簡樸的態度，誰就能有清醒和縝密的思考；誰能實踐簡樸的生活，就能以簡馭繁，而不致煩心困擾。

我們生活在繁榮富裕的時代，但心裡頭卻叫窮；我們擁有許多聲光之娛，心靈卻變得蒼白空虛，覺得生活無聊。誰都不會否認這是有史以來最富裕的時代，不過大家卻被富裕繁榮的生活所困。

我們因為忙碌、競爭和追求成長而筋疲力竭。一味追逐財富和擁有，無暇親密相處，連親子之間會心的心情都沒有。為了追求所謂的好日子，一個現成的好日子卻被糟蹋。我知道情緒困擾是從這裡滋長出來，身心的疾病也從這裡衍生。至於大家竭力追尋的幸福，不但得不到它，有許多人正悖離它越來越遠。

大文豪托爾斯泰（Leo Tolstoy, 1828-1910）寫過一篇故事〈追求幸福的伊利亞斯〉。大意是說：伊利亞斯夫妻年輕的時候，只有幾頭牲口、少許的財產。兩夫婦立志要追求幸福，他們胼手胝足，努力營生，後來擁有很大的牧場、花園和財富，聲名遠播。王公貴人、各地士紳，都爭相跟他們往來，到他們家裡做客。為了照顧偌大的牧場和家園，他們雇用了許多工人；為了經營這個大事業，天天忙得不可開交；為了送往迎來，兩夫妻極盡地主之誼招待。

好景不常，伊利亞斯的家道開始衰落。他的子女都不爭氣，只會游手好閒，耗用家財。加上瘟疫、天災和盜匪，富甲天下的伊利亞斯夫婦，很快就沒落了。到了老年，他們兩人一貧如洗，只得去幫傭。好在這對老夫妻也能樂天知命，在僱主家裡，過著安定的生活。

有一天，主人在家宴請親友，這對老人家為他們安排料理得當之後，就從客廳退下。在宴會中，主人問親友：「你們認得這對老夫妻嗎？」大家都不認得。主人說：「他們就是伊利亞斯夫婦。」一眾親友莫不驚訝，相顧感嘆命運何其捉弄人。於是他們請這對老夫妻出來，跟他們談話，甚至給他們一些憐憫和安慰。伊利亞斯說：

「我們在五十年前，努力追尋幸福，但是沒找到幸福。一直到前兩年，我們一無所有，變成了工人，才真正得到幸福。我說也許你不相信，這就請內人來說吧！」於是老太太說：

「當我們富有時，有許多事讓我們操心，所以沒有時間交談，沒有時間想到靈魂，向上蒼禱告。我們的顧客多，要盡心款待，以免他們說我們壞話。我們要照顧工人，他們總想偷東西，當然，我們也盡量要從他們身上得到好處。狼群會來攻擊牲口，小偷會來偷牛羊——我們忙碌又操心，也常因浮躁而吵架。」這些客人問道：「那現在過得如何呢？」她說：

「現在，我們清晨起來，會說幾句恩愛的話，生活平靜不爭吵。我們只需服侍主人，盡心為主人工作，讓主人獲益。我們工作回來，有晚餐可吃，有乳酒可喝，天冷了有燃料可燒。我們有時間閒談，有時間思考靈魂，也有時間禱告。五十年來我們追尋幸福，直到現在才找到。」這時，客人聽得都笑了。而伊里亞斯接著說：

「請不要笑！朋友們。這是生命的真理。起初我們也很愚蠢，為失去財富流淚。但上帝讓我們明白真理。我們說出這事是為了你們，不是為了安慰自己。」

我很喜歡托爾斯泰寫的這則故事，他指出簡樸精神生活的泉源，是幸福的保障。特地摘錄給讀者參考，我的意思不是要你去當窮人或傭人，而是要每一個人去重視生活中單純簡樸的態度。我知道，生活態度越是複雜的人，他的衝突和患得患失也就越嚴重。在諮商工作中我發現，誰能保持簡樸的態度，誰就能有清醒和縝密的思考；誰能實踐簡樸的生活，就能以簡馭繁，把紛繁的工作做好，而不致煩心困擾。

人想要的東西越多，自己就越覺得匱乏；越是為自己著想，越覺得孤單寂寞。思索太多未來的事，就忽略了現在眼前的喜樂。人是在孤寂、失樂和匱乏感之下，焦慮才迅速的蔓延，錯誤的適應方式才竄起。錯誤的適應包括酗酒、吸毒、色情和賭博等等，其特質是逃避與麻醉。

逃避使人與幸福無緣，它使人從問題中逃開，造成知性的退化。他們不能克服難題，卻反而被難題克服。那些放棄努力的成人，與逃學逃家的孩子，在心理層面上並沒有什麼不同。他們好高騖遠、眼高手低，他們的心變複雜了，不肯一點一滴的努力，而造成全盤放棄。一旦走上這條錯誤的適應之路，就連生活中直接感受情趣的能力也會盡失。這時唯一的路就是麻醉，聲光藥物可以麻醉自己，偷竊、犯罪是取得麻醉的手段，至於暴力則是最後一搏的選擇。

時下年輕人被誤導得相當嚴重。比如說，受教育原是一個單純的課題，它的目標是求知，發展生活上所需要的態度和能力。但它被複雜化，而與成績、等第、名校混雜在一起，更嚴重的是與功利觀念糾纏不清。結果，許多父母所擔心的是孩子的將來，是遙不可及的想像，對於當前的生活與學習內容，並沒有表示興趣和關心，從而領略不到生活與學習的喜悅。

其實，孩子是因為失去每一個「現在的成長」，才造成學習與適應的困難。孩子的不良適應，早在癥狀還沒有出現前就已埋下。這些因子是複雜：大人自己生活在複雜的態度中，以致沒有餘力和時間關心孩子；孩子也生活在複雜中，因為他被複雜的環境包圍著。

簡樸使人有力，人的專注與好奇來自簡樸。保持簡樸生活，對自己的身心健康和生涯發展，有著決定性的助益。這些人心智和思考敏銳，他們比一般人更能專注於工作和生活，而滿足感就在簡樸的生活之中。有一位媽媽告訴我：

「我為孩子設想很多，他卻毫不理睬；我為他的將來擔憂，他卻無動於衷。我整天氣急敗壞，家庭充滿火藥味。」我知道她已陷入複雜和不安之中。因此我告訴她：

「回到生活的現實來，就能看出他的優點，你就不再懼怕不安；不要用擔憂的眼光來訓誡孩子，他就減少創傷。你的愛要保持沒有條件，孩子就不會被你複雜的態度和想法影響，那時反而容易溝通。」

我們生活在富裕的社會，它提供太多的慾望；生活在變遷快速的環境，它令我們不安；生活在多引誘的經濟市場，它令我們眼花撩亂。但是請記住！不能隨波逐流，讓自己掉入複雜慌亂的陷阱，要保持簡樸，才能以簡馭繁，過成功幸福的生活。

2 莫讓消極綁架思想

歪曲所造成的困擾，遠大於實際的困難。要取代既存的消極思想，必須認清消極思想的本質，以及培養駁斥消極、建立積極思想的定見。

人的思想影響生涯、工作和生活的品質，思想更影響情緒和健康。積極的思想引發樂觀進取的態度，情緒跟著就好起來；消極的想法，看什麼都黯淡，情緒就變得沉悶多愁。心理學家貝克（Aoron T. Beck）主張，思想控制人的情緒，因此如何匡正錯誤的觀念、想法或認知，是清除和抑制不當情緒的關鍵。

跟據貝克的研究，思想與情緒之間互動密切，那些消極性思想表現的方式總有歪曲事實的傾向。因此，如果能認清消極想法的特質，就可以拆穿它而予以打消。貝克等心理學家研究發現，思想與情緒的關係是：

● 你的情緒是由你的思想引發出來的；怎麼想就產生怎樣的心情。

● 你覺得憂心，是因為想法被消極性所支配；這時人生變得黯淡，而且你會相信事態正如所想的那麼糟。

● 消極思想幾乎都具備嚴重歪曲事實的特質；想法歪曲是憂愁的唯一理由。

於是這些心理學家發展了一套所謂認知治療（Cognitive Therapy）的方法。這套治療法是幫助當事人，認清自己消極思想的癥結，加以識破，從而恢復正常的情緒狀態。貝克認為一般人也可以自助方式，克服壞的心情。當然它的重點就是改變自己的想法。他的做法分三個步驟進行，包括：

● 具體的寫下你的困擾和原因。

● 找出它的消極思想特質。

● 以較為積極的思想取代它或駁斥憂心的謬誤。

心理學家告訴我們，要取代既存的消極思想，必須認清消極思想的本質，以及培養駁斥消極、建立積極思想的定見。首先，他們指出消極思想的特質包括：

1. **以偏概全的錯誤**。例如生活中一件不如意的事，就形成了全部不順心的心情；一個科目沒有考好，便認為已完全失敗；誤說一句不妥當的話，就全盤否定自己的價值。

2. **輕下斷語**。稍不如意就覺得困難重重，碰到一點阻礙、不如意或困難就認定成功無望；沒有得到禮遇便推斷別人不肯接納自己；輕下消極的斷語，不肯進一步去培養、爭取或溝通，是消極思想和情緒的溫床。

3. **鑽牛角尖**。把眼光投注在一丁點缺失上，思想和注意力逃不出失意的一面，所想的都是灰黯的，情緒很快會低落，心情變得沮喪。

4. **自損風采**。把自己的亮麗或優點打折扣，不知道要自我肯定，別人對自己的稱讚，往往把它解釋成應付性或虛假的恭維，感受不到它的價值和喜悅，這會使快樂的心境得不到營養，而沮喪的病毒則繁衍開來。

5. **一廂情願相信命運**。對事情不加了解探討，一味歸結於命運如此，「哀莫大於心死」，當一個人相信命中注定不成功、身體不好、腦子不聰明時，無異於自甘墮落，自取滅亡的絕望。

6. **誇大缺點，縮小優點**。對自己的缺點用放大鏡來看，造成許多煩惱和憂心；反之，卻用一個筆管來看自己的能力和潛能，這樣的人會完全失去信心。他們會無病呻吟，也會對失意的部分作誇大性自我打擊。

7. **感情用事**。習慣於感情的推斷，而不做客觀的分析，「他們對我冷冷的，我想一定是自己做錯了什麼令他們不高興……」消極思想的人，往往歪曲真實，其主要原因是感情性臆測，而疏於分析求證。

8. **被「應該」的說法牽制**。常抱持著「他應該尊重我」、「他應該體貼我」、「事情應該是公平的」、「我應該達到……」、「我應該做到……」。太多的應該，產生失衡和內疚，壓力增加，情緒變壞。得不到尊重時，你可以爭取或表示，但無需鬧情緒；人可以努力實現自己，但不應該對能力所不能及的事自責。

9. **給自己妄加壞的標籤**。遇到挫折是很自然的，但不能給自己加上標籤說「

我是天生的失敗者」；你可以說「我做錯了那一件事」，但不能說「我是一個無能的人」。這種不合理的思想，導致情緒的惡化。

10. **歸咎自己**。遇到不愉快的事，不分青紅皂白，想著「都是我的錯」，把責任完全歸咎自己的人，會擴大自責，造成嚴重情緒困擾。

現在，把你寫下來的困擾和原因，對應上面十個特質，你可以發現自己的消極思想出在哪裡，然後要挺身來辯駁它，勇敢地擊倒它，並以積極思想來取代它。這時你要提醒自己三件事：

- 這個感覺並非事實！是我的消極思想扭曲了它的真貌。它毫無道理，而且顯得荒謬。
- 我有辦法應付。即使悲傷和憂愁來自真實的事件，其痛苦的大部分感受，也是來自思想的歪曲。要擺脫消極思想的陷阱，把真相弄清楚，就能有效應付。

●勿以成就評估自己。成就只是人的表象，不是你的真正自尊，你的自尊應建立在你本身的價值，而不是成就。要自愛，要接納自己，珍惜自己的人生。如果你的朋友來你家，你會盡一切力量使他安逸，既然如此，「你何不也這樣對待你自己呢？」

人的想法決定自己的感受，牽引出他的情緒生活。在我的諮商經驗中，深深體會到思想歪曲所造成的困擾，遠遠大於實際的困難。窮並不可怕，把貧窮和自卑、無能、見不得人放在一起想，才產生嚴重的情緒問題。失敗也沒什麼可懼，把失敗看成丟臉，看成可恥，那才造成情緒問題。

在上述十個消極思想特質中，你可曾犯過哪些錯？建議你檢討自己，依照貝克的辦法加以釐清，能讓你認清事情沒有所想的嚴重。即使遭遇不幸，只要不掉進消極思想的陷阱，事情還是能夠掌控，能找出光明之路。請記得！不要被消極的想法綁架了。

3 把心力花在有用事上

人免不了有憂心的事，你要分清楚，要對能做的採取行動，對於不能克服或多心的疑慮，要狠下心來，把它丟開。

改變一下你的生活方式，調整一下作息和想法，就會生活得游刃有餘。有些人精神生活緊張，疲於應付，卻沒有什麼成就或滿足感；有些人能活在從容之中，順利把工作做好。他們之間最大的差別是把心力用在該用的事上，而不用在沒有價值的煩惱上。

一天之中，你浪費多少時間在發呆和胡思亂想，又用了多少精力在假設性和擔憂裡。大部分的人把心力用在無謂的煩惱上，以致寶貴的精力白白的流失。因此，減少浪費心力，就能增加創造和活力；不把精力用在不該煩心的事上，就會成為積極、樂觀、振作的人。

曾經有一位男士找我晤談，他擔憂自己在宗教修行上犯了戒律，而活在動輒得咎的恐懼情緒之中。他說：

「我從早上起床，就充滿著罪惡感，因為來不及早起念佛；跟同事相處，因為我素食，很少跟他們來往，而覺得受到冷落。有時，我覺得老闆對我不滿意，而得不到成就感。」他一口氣說了許多不如意的事，我知道他是一位專找自己麻煩的人。我問他：

「一天之中，你用在工作的時間有多少？用在擔憂的時間有多少？你曾把它寫在紙上，像資產負債表一樣列出來嗎？」他想了想，靦腆地說：「煩惱多，用在工作的時間反而少。我因為煩惱而不能全神投入。」我說：

「是囉！沒有把精力放在重點上，工作表現就難達一定水準，你自然就會內疚，遑論老闆的態度。我建議你設法改變時間的運用，別在不值得煩心的事上浪費時間，把精力和時間用在學習、工作和生活上。」

「那我該怎麼做？」

「正如你所說的，你要把自責沒有念佛的時間拿來念佛，在公車上，在早晨梳洗的時間，都可以保持念佛。至於擔憂受到冷落，問題的重心不在於吃什麼，而在於合作與結緣，把你的操心時間拿來用在結緣和互助上。」改變使用時間的標的，就會改變生活的內容；用在實際有用處，就得到豐收，用在擔憂上，則會帶來苦惱。

另有一位年輕人，由於向老闆積極建言，弄得老闆生氣。他告訴我說：「我有把握自己提出的意見是對的，可是他對新的技術發展一事還是執迷不悟。也許我直言陳述，弄得老闆不悅，我自忖不能見容於他，我完了！」我說：「別為這種擔憂花時間，你仍應保持積極的工作，不要分心。只要你換一個想法：此處不留我，自有留我處。」這樣的觀念改變使他安定下來。事過二週，老闆找他去說：「你的見地可用，請就你的看法提出進一步的計畫，我們準備新的技術發展。」

有一位小姐，在情非得已的狀況下離開了她的工作。她暫時找到一個新的差事，不過她並不滿意，在晤談時她說：「我不得已離職，丟掉一個好工作，現在為了生活的現實，不得不接受這個並不喜歡的工作。」我問她：「你既已上任，是打起精神工作呢？抑或花時間來抱怨工作呢？哪一個才是對你有利的呢？」她說：

「沒有第二個選擇，那就好好的幹了。」

「很好！如果是這樣，那麼請你把時間用在該用的地方，不要浪費在不必要的擔憂上。只要好好努力，你會在新工作中學到新的能力和興趣。」她用心的做下去，兩年以後，被派到公司的另一部門，那正是她能發揮長才之處。

我一向認為，能把時間放在工作上，就會得到新機，得到成長，千萬不要把精力放在無益的煩惱上。有許多朋友常問我，你這麼忙，又是行政工作，又是教學，公餘之暇又做助人的義工，請問你哪來時間寫作和研究？「只要不把時間放在煩惱上，就有很多時間可以寫作和研究。」我總是這麼說。

有些人打破沙鍋問到底：「怎麼讓自己不煩惱呢？」

「煩惱總是難免，當它出現的時候，靜靜想一想，到底真相是什麼？如果是由於自己的不安、多疑或庸人自擾的想法，我即刻告訴自己，那只是意識之流中的浮污，任其流逝；我把心意拉回來，去做當做的事。」

這一點很像牧牛，當牛犯了禾苗時，要即刻把牠拉回來，這樣你就有許多時間工作，而且覺得游刃有餘。反之，如果你任由牠去犯禾苗，到頭來會一片狼藉，連起碼的收成也沒有。

人很容易耗在憂煩之中不能自拔。人之所以會陷入憂煩，有一些潛意識的原因，最主要的有：

- 憂心可以讓自己有理由佇足不前，可以逃避眼前的困難。不過，這會讓你付出更大的代價，因為它浪費了你的時間和精力，卻把問題擱在那兒繼續向你威脅。
- 憂心可以為自己的消極行為找藉口。這能令你繼續拖延不振作的狀況，讓你繼續保持心身疾病如頭疼、背痛等等。
- 它可以搏取別人同情。玩這個把戲會上癮，有時無異玩火自焚。

看清憂心的本質，就得採取對策，不要上了它的當。這時候，你要打起精神做點事，請記得！行動能解憂，行動能破除煩惱的魔障。人免不了有憂心的事，你要分清楚，要對能做的採取行動，對於不能克服或多心的疑慮，要狠下心來，把它丟開。這就能有效工作，游刃有餘地應付難題。

我們常常自找麻煩；最不值得的事是無病呻吟和自討苦吃。這種現象我稱它叫精神生活的短路；它沒有讓精力用來為生命發光，卻用來無謂的消耗。為了避免短路現象，我建議：

- 別顧忌太多；想清楚後，要勇於行動和承擔。
- 別花時間自怨自艾，或責怪別人，要正視真實。
- 肯定自己的信念，努力去實現，要避免搖擺不定。
- 個人的價值和目標應由自己來判斷，不要依賴別人來讚美和肯定。
- 別以為你能討好每一個人。

人如能少花時間在不必要的事和煩惱上，就能有好的精神去面對正事，做起事來就能游刃有餘。反之，就會落得焦頭爛額，既影響健康，又乏善可陳。

4 提防你的心理弱點

每一個人都有一些弱點，如果不懂得覺察和預防，就會一錯再錯，陷入困擾。受騙肇因於此，錯誤的決定肇因於此，不當的教育和互動關係也肇因於此。

在自由開放的社會中，每個人價值觀念不同，彼此利害衝突，如何維持自己的立場，作清楚的判斷和抉擇，是現代人必備的能力。我發現人很容易受到暗示和支配，而失去正確的思考，甚至因為心理上的弱點，而受人支配或利用。

人因為心理上的弱點，才會被說服或屈服於權威，去做悔不當初的事。那些在法曹面前泣不成聲的人，絕大部分是受制於心理的弱點，或者掉入感情或慾望的陷阱，才走上險途，墜落一失足成千古恨的陡坡。

人是很容易受利用的。打個比方，一個國小六年級的孩子，想要求增加零用錢，採取泣不成聲的手段，對父親表示自己受到委屈的乞憐行動，很容易打動父親，作了錯誤的判斷和回應。你看，弔詭的對話是：

「我們班上同學每週的零用錢都比我多。」女兒愁眉苦臉的說。

「現在不可以增加零用金。」

「每次你都這麼說，可是我的零用錢比別人少，在同學面前都抬不起頭來。」接著，她施展眼淚攻勢，利用父親的同情心。

「你們班上同學每星期有多少零用金？」

「大部分的人都比我多……」接著更傷心，泣不成聲。結果打動了爸爸的同情心，讓他作了錯誤的回應：

「別哭了！下星期多給你些零用金，快去作功課吧。」

這位父親的同情心被孩子操控了。在不經意中，他的同情心也被孩子玩弄了，以致沒有實際了解一般孩子究竟要給多少零用金才恰當。他被眼淚擊垮，束手無策而答應了；孩子則在無意中學會眼淚攻勢，採取操縱的手段，向父母親不停需索。許多孩子被慣壞的原因，就從這裡開始。其實，人際互動中的操縱手法，也是從這個基本模式演化出來的。

請注意！人務必要保持理性切實的思考態度。在處事、談判和互動之中，有人非常善於應用感情上的弱點，對你施加壓力，令你失去理智和思考，而做出討好施壓者的決定。每一個人都有一些弱點，如果不懂得覺察和預防，就會一錯再錯，陷入困擾。受騙肇因於此，錯誤的決定肇因於此，不當的教育和互動關係也肇因於此。

有一位母親告訴我，念大一的孩子不斷要求為他辦信用卡，使盡各種感情攻勢，有乞求，有憤怒，有賭氣，她還是沒有動心。她說：

「有郵局的提款卡足夠你現在用，將來真有必要，我會同意你辦，但現在不可以。」隔了幾天，孩子又再度提起，媽媽還是言簡意賅，肯定地說：

「我跟你說過，現在不是時候。」

這位媽媽的孩子從此就不再提信用卡的事，直到大學四年級，她建議孩子去辦信用卡，他反而說：「我現在並不急著用它，需要時自己會去申辦。」

有人為人作保，明知對方信用有問題，但礙於友情而勉強為之，不久後悔的事就發生了。有人答應朋友的邀約，因為盛情難卻，不久才知道是被利用了。有人受託處理某事，明明知道那並不正當，但因為另有顧慮，勉為其難答應而蒙受損失。依我的觀察，每一個人都有心理上的弱點，他人總是利用弱點，向你施壓而遂行其目的。一般人最容易被利用的弱點包括：

- 利用你的內疚。先給你一些甜頭，對你先做一些犧牲，誘發你的內疚，迫使你改變立場，而做不當的決定。
- 運用你的同情心。他們用眼淚和不幸，打動你的同情心，讓你應允你不該答應的事。
- 利用你怕衝突、怕被批評或優柔寡斷的個性。你的對手會營造一種強勢，迫使你屈就他的要求。
- 採取諂媚和引誘。以投你所好的方式，引你掉入陷阱，老千是用這種方式向人詐騙，行賄者也採取這種伎倆。
- 運用尋求別人贊同的心理。人總需要別人的支持，因此，人常常因為不能忍受別人不喜歡自己，而向人靠攏，以致改變原本正確的立場。
- 利用缺乏安全感讓人就範。如果你擔心堅持己見可能會下台，就會把握不了正確的思考，反而做出錯誤的決定。

● 利用你怕被冷落，怕與別人不同。這很容易陷入同流合污的困境。當心，許多人都會採取冷漠不跟你說話的方式，向你施壓以達到他的要求。

每個人都有心理弱點，不同的是有些人容易被利用，有些人不容易被利用。有人認為「無欲則剛」，只要你沒有私心和欲求就不會被利用。誠然不錯，既已無欲，當然不易被利用；不過，人一旦無欲也就沒有什麼成長、發展和不斷努力的動力。說真的，無欲是心理的僵化，而不是真正的剛毅，因此，人還是要有目標，努力開展自己的生活。不過，要覺察自己的弱點，在做決定時，要冷靜地檢討，所做的抉擇是否就是自己的立場和初衷。如果不是，請留給自己一點時間和空間，想一想如何從中解套。

你越能理解並提防心理弱點，就越能維護自己的立場，養成獨立思考和正確的抉擇力。

5

改變態度可療傷

當心靈被是非盤踞時，心就失去了原有的慧性，而被懼怕的情緒所縛，清醒思考和活潑的生命力都被壓抑下來。

一件事情的發生只是那件事情的本身，人的心若把它想成不好，那就產生負面的情緒，對身心即刻構成負面的影響。可是人們很少提防這一點，經常以刻板的態度去看生活中的事物，從而陷入沉痛和局限。由於他們缺乏彈性的視野，所以態度是僵化的，容易鑽牛角尖。我認為越是僵化的態度，也越是可怕和危險。

一位企業家，一生努力於開拓事業，重視成就、效率和影響力，全神投入。正值事業的巔峰，他心臟病突發，險些送掉了生命。我去探望時，他感慨的說：「我過去努力所得的東西其實是不重要的，現在我才領悟到生活中最重要的是什麼。」我問他：

「你領悟到什麼是生活中最重要的？」

「健康最重要。我擔心再這樣幹下去，身體就報銷了。」

「對是對的，但過一段時間之後，你還會警悟到自己又抓錯重心了。」他不解地看著我，問我為什麼？我說：

「在我的觀察中，態度是最重要的。固然應當注意健康，但如果你的態度不正確，認為工作和勤勞會導致身體的衰竭，那麼你會消極性地減少或放棄工作，於是負面的思想和情緒隨即襲上心頭。它會壓抑你的活潑本性，貶損你的創造和活力，這時兩股不同的勢力將會衝突，而造成你嚴重的困擾，影響你的健康。」

「你能告訴我如何保持正確態度嗎？」

「要拋去負面的想法或消極的態度；一場病只是一場病，它不應該左右你的人生。也許你以後一直都要吃藥來保持健康，但未必是一件壞事。它只是來提醒你生活要正常，應酬要有節制。還有，它也帶給你一些訊息，需要注意人際的支持和溫馨，生命是有限的，要及時去關愛別人。老兄！你的病只是一個訊息，告訴你除了工作之外，要學習生命的愛，參透生命的價值，用慈悲和智慧去工作和生活。你只要把工作和生活的態度作個調整，這場病就是極有價值的事件。」

「啊！你觸及我心中的傷感。我現在正受困於矛盾的態度之中：我總覺得壯志未酬，又覺得體力不支。我必須在健康活命和事業之間選擇其中一個。我很捨不得工作，我懷疑把工作放下之後，不就成了被遺忘的人了嗎？」

「我可以了解你心中的矛盾。」我表示對他的接納與支持。

「剛剛你的話給我一些靈感。我應該調整或重新安排我的工作，而不是放棄我的工作，我還是很珍惜我的人生。」

「珍惜你的人生？那是很正確的想法。」

「我應該用『大死一番，再活現成』的態度去工作，去待人，去做些有意義的事。我確實想過如何給生命一個較豐富的答案，我已有了信仰，它將給我新的信念；就是現在，就在你我談話之中，我覺得活神活現在我的腦際。」

「是什麼新領悟？」

「我將學會在無常的變化中保持平靜，學會不憂不懼，學會佛陀的教誡：在悲智雙運中看到生命的究竟義。我不會放棄工作，當然更不會放棄生活。這次生病對過去只重工作我來說，是一種收穫，一種反省和啟發。」我接著說：

「不要把病看成病，而要把病看成一個生命歷程中的正常現象。病是生命的本質，你只要這麼看，就會遠離不安和焦慮，就會維持你的光明性。當你的心不被懼怕和焦慮佔據時，你就能從病的困擾中解脫。」

我離開了這位朋友，走出醫院的大門，想著西方醫學方興未艾的態度療傷法（attitudinal healing），他們相信：

- 人的觀念會左右病情和發展，只要努力解脫負面思想就有良好的療傷。
- 如果人老是憂慮、愧疚，你將永遠領略不到快樂和平安是什麼。
- 如果能去愛，就有一股沛然莫之能禦的力量，使我們的心靈世界振作。
- 健康來自內心的平靜，而療傷的關鍵是不再懼怕。態度療傷法就是要拋棄不平靜的消極思想，然後用愛來取代。

改變態度就等於改變命運和人生的航道。功利的態度看起來是積極的，但它的心是懼怕失去和貪圖佔有。因此，在名利場上追逐的人，如果不改變態度，建立愛和對生命的敬重，就很容易失去平衡，從而陷入不安，接著引發更多不當的行徑和過錯。甚至，到了晚年產生嚴重的焦慮和罪惡感。

我知道人類的幸福和精神生活的出路，就在於克服懼怕，我們怕病、怕不安全、怕失去名利、怕被嘲笑，這些懼怕使人陷於逃避式的消極思考，這是焦慮和失衡的根源，也是人類病痛和災難的源頭。如果我們不把這些看成是好或是壞，而用一種持平的態度去看事件的發生，它將是對生命與生活的大啟示。

《坐禪箴》上說：「是非迭生，犯過無極。」當心靈被是非盤踞時，心就失去了原有的慧性，被懼怕的情緒所縛，清醒思考和活潑的生命力都被壓抑下來。

精神分析學的開創者佛洛伊德曾說：「懼怕是世界之門。」這是指一般人總是用懼怕的態度來看生命，來處理生活事物，它成為痛苦人生的門。如果你能把它推開，用你自由的心靈去看，去聽，去生活，那麼生活的喜樂是現成的，真正的視野才會呈現在你的眼前。

6 認清變化無常的生活

世事是無常的，如果你抱著怕變化的心態生活，一定會陷入痛苦和憂心之中。因為那會脫離現實，會變得退卻，會執著在過去，以致不能面對現實。

我們生活在一個不斷變遷的社會，經濟生活在變，意識型態在變，整個社會結構也在變；變會帶來衝擊和失調，造成痛苦和困難。相對的，人生也在變，從出生到死亡，從戀愛到結婚，從親密到疏遠，無時無刻不在變。有變就必須去適應，如果不適應就會有困擾、有痛苦，甚至遭遇不幸。

不久前，在我演講之後，有一位女士向我走過來。她神情愉快，眉宇間泛著自信沉著的光采，禮貌地先作了自我介紹，然後說：

「老師！我已經從無助的陰霾中走了出來。過去，透過電話跟你諮商，得到你指引，我真的覺悟到與其自怨自艾地受苦，不如把精神力轉移到積極或有價值的事物上。我做到了。這一年多來，我的努力已看到成果，現在晉升為主管。我不再沮喪，對未來充滿希望。」

經過她的自我介紹，我漸漸從記憶中浮現當時的情境；她住在中部，必須透過電話諮商，當時她婚姻破裂，疾病纏身，陷入茫然失措的窘境。她接著說：

「在幾次電話諮商中，你告訴我變化是無可避免的。每一個人都得面對它，問題是你要看出變化也有它的價值，要對那新的價值採取行動，掌握它，成為新的現實。

「我克服自怨自艾，勉強自己打起精神，照著你的指導，把用在沮喪和憤怒的心力，轉移用在事業上。不但治癒了痛苦，也奠定了日後事業的基礎。現在，我完全走出陰影。」

她從皮包裡拿出預先寫好的卡片，用雙手遞給我。由於跟我說話的人很多，她揮手致意離開了。回到家裡，我打開她的謝卡，上面寫著：

「老師！我可以當見證：人生的變化固然很多，但你說的沒有錯，我們無需害怕變化，也不必為失去的東西憂愁痛苦，要緊的是隨緣學習些什麼，而使自己生活得豐富些。謝謝您！」

人注定生活在變化之中。世事是無常的，如果你抱著怕變化的心態生活，一定會陷入痛苦和憂心之中。因為那會脫離現實，會變得退卻，會執著在過去，以致不能面對現實。請注意！不能面對真實或脫離現實，就是痛苦的來源。

當你面臨生活上的變化，而陷入痛苦和憂慮時，要記得換個想法試試看，這能提供新的路徑，新的希望。千萬不要故步自封，讓自己陷入無助的泥淖。我所謂換個想法就是另闢思考的蹊徑，是發揮創造和智慧的表現。因為換個想法會帶來新的行動，產生新的現實。

現代人普遍覺得寂寞，在人際上顯得疏離冷漠，主要在於公寓文化的隔閡，彼此忙碌而不相往來。許多人靠著電視來填補寂寞，家庭人際互動也跟著減少。因此，只要有一天不需要上班，就會產生家庭人際互動的困難。我知道週休二日、過年的長假或者寒暑假期間，青少年和家人最容易發生衝突，這都是適應變化發生困難的表現。

人的想法如果執著在一個向度上，就很難適應環境的變化。比如說，一個人如果習慣於單調的生活，很少擴充生活內涵，日子久了就會有心理固著現象，而失去應付變化的能力。因此，每個人應該給自己一些新的想法和行動，來增加生活內涵和情趣。作家坎平（N. R. Campion）說：「你可以繼續自嘆命苦，也可以採取新的行動，做點有益的事。」她說，過去她在適應新生活時，覺得越來越鬱卒、心煩意亂。於是，她毅然採取主動，在生活與工作中，實踐新的行動。她每天試著去做一兩件以下的事：

- 做件對別人有益的事；
- 做件對自己有益的事；
- 做件不想做而該做的事；
- 做一次體力鍛鍊；
- 做一次心智鍛鍊（學習新知）。

她努力實踐這五個守則，對自己的心靈生活有了很大的改變。她不在乎把這些守則做得多好，只要每天都做就夠了，即便是寫一封信，或清理了一個抽屜，都會給自己記一個功。新行動往往有意想不到的收穫，一件小成就能帶來欣慰，而使自己繼續做，而且做得更多。她說：

「我所知道的是，自從我實踐這五項守則，我已與別人有更多來往，更少自我封閉，不再顧影自憐。因為我奉行了新的座右銘：在植根的地方欣欣向榮。」

人一定要面對變化，但適應變化之道不是堅持原有的生活方式，那是不會成功的，因為原有的方式已成過去。因此，你必須換一個角度去想想，提出新的看法和行動，才能締造新局，創造美好的未來。

7 一念之間天壞之別

每一個人都能依自己的因緣成就菩薩行，在自己的人生考卷上回答自己的答案，問題是它這麼問，我們怎麼想，怎麼做，怎麼回答。

人是否活得有價值，活得充實和喜悅，就在一念之間的領悟。每個人遭遇不同，因緣際會各異，免不了貧富貴賤的差別，但它們不是人生的答案，而是等著你去回答的人生的考卷。

我看過很多失意的人，顯得落寞，鬱鬱寡歡。因為他們總覺得自己不如人，沒有出息，失去成就感，而顯得屈辱或無奈。他們最大的困擾不是貧窮或缺乏表現本身，而是失去自我肯定的價值。所以，社經地位低的人，往往覺得鬱卒、落寞，抬不起頭來。

其實，貧與富、賤與貴，順與逆、得與失在佛法之中是「一如」的。所謂「一如」是指表象雖然不同，但都是要我們去適應、去過生活的。它們都是對人生的挑戰，問題是如何去回答它，而不是對它起愛憎。它們同是一張人生的試卷，都是要你去回答生命的意義，所以說是「一如」，是沒有什麼差別的。

人如果身處貧窮，或社經地位不如人，就失去歡喜過日子的態度，失去積極振作的豪氣，日子久了，一直沒有改善，便會失去覺性，看不出希望。這使一個人陷入惡性循環之中。其實，人只要肯努力，做有意義的事，就能回答人生這個答案。

有一次，一位傢俱工人問我：「老師你說得對，我應該努力，積極學習；可是我不可能跟智力高的人一樣學到更多的本事，所以我還是停留在低階層裡。老實說，我有些自卑。你能為我解除自卑嗎？」

我知道人各有命，天賦也不同，但是這些都只是一張試卷，是要用自己的智慧回答它。關鍵是回答它時要先認清財富、地位和貴賤等等，在生命結束時，通通帶不走，唯一帶走的是自己的心靈。所以，來人間走一趟，成敗在於能否用自己的心靈，去處理自己的困難。於是我說：

「先生！自卑存在你的心中，必須由你來摘除；成長是要在你的生活中運用自己的智慧才辦得到。如果你想要，我可以告訴你方法。」

「我當然想要，請告訴我！」他肯切的回應，所以我接著說：

「你是一位佛弟子，應該明白佛經上說：『不可以少善因緣得生彼土。』現在，你每天幫人作裝潢，天熱時受煎熬，天冷時要挨凍，顧客不滿意時批評你，粗重的工作更折磨你，你得到的卻是微薄的收入。你犧牲奉獻那麼大為人工作，把客人的家裡裝潢得舒適大方，照理說應該收入很多吧？不過，你沒有得到那麼多。你明白付出多少就應該得到多少，這在佛經上稱作『功不唐捐』。可是，你的全部收穫到哪裡去了呢？你想不想把這些應得的收穫積存在極樂世界，當做未來往生的資糧呢？你有沒有拿它來供養極樂世界阿彌陀佛呢？」

他聽了我的話，有一些驚訝，又有幾分領悟。他說：「我怎麼沒有想過這個問題呢？」我接著說：

「你似乎有所領悟，那很好，請聽我繼續說下去。你的認真工作功德很大，有一部分化作今生資糧，有一部分存記在極樂世界裡成為你的報土，這就讓你有往生的資糧。你日夜不停的工作，積存的也越來越多，你能說這不叫成長嗎？你能說，做這種功德無量的事是自卑嗎？」這時，他改變了想法，開啟他的視野，從中看到光明和希望，他由衷地說：

「阿彌陀佛！我竟會在你這裡找到最有價值的珠寶！」

「珠寶是你本來就有的。」

每一個人各有自己的命；命不同，像各異，你若總想著跟別人一樣就會造成失衡。人無論如何，必須在自己的因緣中找到希望和光明，內心才會平衡。平衡使一個人快樂，令人振作，神清氣爽。每一個人都可以在自己的遭遇中發現它的希望。又有一次，一位築路的工人找我晤談。他說：

「我當了一輩子工人，眼見就要退休了。我做過許多工程，包括北二高這條高速公路我也參與建造；可是我怎麼認真都只是一個工人，我的虔誠信仰並沒有為我帶來什麼。我很想知道信仰能給我什麼？我有些空虛，又有幾許的無奈。」

於是，我把前面的故事，重述了一次給他聽。他靜靜地聽，時而閉上眼睛、時而微微點頭，像在思考一般。等我說完，他深深吸了一口氣，說：「老師！我了解了。」他告訴我後面還有許多人等著晤談。他要離開時說：「我找到那個門了，原來門早就開在那兒。」

過了幾個星期，他對我說：「自從聽你一席話，我每週都來聽講，信心變得堅定了。我現在知道信心堅定是什麼意思了。」我問他怎麼個堅定法？信、願、行必須一起來才會有如金剛一般的堅定。我問：「你是怎麼堅定的？」他說：

「那一天跟你談過話後，一路開心地回家。我發覺我的生命中，潛藏著完美而豐富的寶藏。我覺得在念佛時倍感親切，因為我已把我的生命化作功德。」我看他篤定歡喜的臉龐，知道必有所悟，問他：「何以見得？」他說：

「我比那位木工更有福報：你看我辛苦完成的那些工程和道路，每天有多少人車往返。我拿來自俸的少，布施在那兒給大家用的多。那一段段公路都有我的血汗，我已有足夠資糧可以往生。」講到這裡，他開懷大笑起來，「老師！你想想我不只積了功德，我還真是一本萬利咧！你看那道路每天有多少人車在走，能走多久就有多久。」我聽得感動，也分享他開懷的笑聲。

他沉思了一下，又說：「我雖然年紀漸大，但還是能做一些不太笨重的事。我能了解『一日不作，一日不食』的道理。」這是工人的高貴領悟，而他們辛苦的生活卻化作極樂行者的妙論。

每個人都應依自己的因緣生活和修行，以成就其菩薩行。因此，不是富有的人才能鋪橋造路，才能施給救助；而是每一個人都能依自己的因緣成就菩薩行，在自己的人生考卷上回答自己的答案，那就是人生所要做的事。別忘了，也許你富，也許你貧，或許你是知識分子，或許你是目不識丁，但就人生而言，這些只不過是一張考卷，問題是它這麼問，我們怎麼想，怎麼做，怎麼回答。

我在做臨終關懷時發現，有許多人在大限面前，顯得慌恐、抱怨或無奈，不分貧窮貴賤，一樣有苦惱——所以說：貧富貴賤一如也。我也發現有些人，他們在大限來時，信願行的悲智具足；信心堅定，決定往生極樂或天國，他們不分貧富，更沒有社經地位高下之分——這也是貧富貴賤一如也。妙哉！眾生平等的意義，你可以昭然看得清楚。